苹果接班人的争议人生

蒂姆·库克传

冷湖 著

华中科技大学出版社
http://press.hust.edu.cn
中国·武汉

图书在版编目(CIP)数据

蒂姆•库克传/冷湖著.—武汉：华中科技大学出版社，2023.7
ISBN 978-7-5680-9528-0

Ⅰ.①蒂… Ⅱ.①冷… Ⅲ.①蒂姆•库克－传记 Ⅳ.①K837.125.38

中国国家版本馆CIP数据核字（2023）第096939号

蒂姆•库克传　　　　　　　　　　　　　　　　　　　　　　冷湖　著
Dimu Kuke Zhuan

策划编辑：	沈　柳
责任编辑：	李　祎
封面设计：	廖亚萍
责任校对：	王亚钦
责任监印：	朱　玢

出版发行：华中科技大学出版社（中国•武汉）　　电话：(027)81321913
　　　　　武汉市东湖新技术开发区华工科技园　　邮编：430223

录　　排：孙雅丽
印　　刷：湖北新华印务有限公司
开　　本：710mm×1000mm　1/16
印　　张：15.75
字　　数：219千字
版　　次：2023年7月第1版第1次印刷
定　　价：49.80元

本书若有印装质量问题，请向出版社营销中心调换
全国免费服务热线：400-6679-118　　竭诚为您服务
版权所有　侵权必究

序言 Preface
被低估的 No.2

在这个世界上，总有人是No.1，也总有人是No.2。

对大众来说，No.1永远是最容易被记住的，因为它代表着出色、超前和伟大，而No.2往往会和效仿、落后和平庸等形容词联系在一起。

事实真的如此吗？

史蒂夫·乔布斯之于苹果公司就是当仁不让的No.1，他不仅亲手缔造了这个科技帝国，还以出色的创意能力和超前的时代视角打造了iPhone、iPad等明星产品，在世界范围内圈粉无数，并在中文世界赢得了"乔帮主"的响亮名号。然而天不予寿，2011年乔布斯永远离开了亿万"果粉"，接替他的则是被很多人认为"名不见经传"的蒂姆·库克。

库克之于苹果，即无法否认的No.2，甚至在某些不喜欢他的人眼中，他或许连No.2都不够资格，因为他们在他身上看不到创意才华，也找不到乔布斯残存的影子。虽然No.2和No.1仅有一位之差，在一部分人眼中却有天壤之别。

然而很多人不知道的是，库克No.2的地位也绝非捡来的。他曾经在IBM独当一面，也曾经在康柏业绩斐然，他并非在苹果最辉煌的时刻加入,而是在其走向破产的边缘时毅然投奔。无论从个人利益的得失还是从企业发展的贡献来看,库克都担得起No.2的头衔。有了他参与供应链管理,才让苹果从一地鸡毛的破碎状况中重新整合并最终梳理出符合苹果生态需求的供应体系。因此从某种意义上讲,说库克拯救苹果于水火并不为过。

在接替乔布斯成为苹果新任的CEO之后,库克依然摆脱不了No.2的头衔。有人认为他只能在乔布斯的光环下主持大局,但事实上,库克的接手让一度存在诸多不确定性的苹果稳中向好。他以温和儒雅的作风团结了大多数,以理性睿智的思维制定了战略计划,以犀利坚韧的态度抵挡了外界压力……库克的稳健和冷静不仅驱散了"痛失乔帮主"的阴霾,也让苹果从事业的岔路口步入了新的快车道。

在库克的领导下,苹果变得不再像过去那样叛逆和不羁,而是多了几分开放、灵活,且接地气,虽然库克没有亲手打造出惊艳众人的划时代产品,但在他的力主之下,苹果有了替代英特尔的M系列芯片,有了制造智能汽车的宏伟版图,有了瞄准AR时代的创新路径……苹果从多方位、多角度、多层级切入大数据、人工智能、云平台的新时代。

没有人愿意顶着No.2的头衔终其一生,但对库克而言,他或许并不反感被贴上这个标签,因为他比任何人都更尊重乔布斯,他也清楚自己的成功是站在天才的肩膀上。他吃透了苹果"第一性原理"的内核,所以在他前进的道路上,乔布斯的精神永远起着指引作用,而身为继承者的他则要消化、收纳、微调乔布斯遗留的精神财富,将其转化为适用于自己的经营和管理利器,将苹果带向一条与时代同路、与用户契合的全新道路,而这才是他身为No.2的意义所在。

毕竟,No.2是No.1的正统延续,库克的存在,也是乔布斯创新价值的证明。

目录 Contents

Chapter 1
星球交汇

01　钦点的接班人　3

02　末日OR重生　7

03　电光石火的决策　11

04　新掌门，新思路　15

05　他吃透了"苹果"　20

Chapter 2
不羁人生

01　小镇男孩的崛起　27

02　PC界的翘楚　32

03　病体与抗争　37

04　走出禁忌区　40

05　成为"二号人物"　43

Chapter 3
别人的闪光灯，他的质疑声

01　正式"登基"　49

02　不拜金的超级富豪　53

03　两代"帮主"的画像　58

04　简单且强势　62

05　病例速写：追求完美主义　67

Chapter 4
管理大师的逆向操作

01　扼住供应链上游　73

02　态度：不被供应商牵制　77

03　撒手锏：成本控制　82

04　简化，再简化　86

05　破局笔记：销售为王　91

Chapter 5
明星产品，再造帝国

01　人格化：iPod是如何俘获众生的　97

02　一眼万年：Mac系列的营销学　102

03　iPad：创新精神未死　106

04　布局未来的Apple Watch　111

05　让英特尔恐惧的ARM架构　116

Chapter 6
创新是开路的剑

01 "库克风"的创新思维　123
02 抓住客户痛点　128
03 智能时代：必须由苹果占领　133
04 如何喂饱企业客户　137
05 责任制：造粉最强机器说明书　142

Chapter 7
团队建设：集齐精英召唤业绩

01 新老交替：盘点库克的左膀右臂　149
02 挖掘个体潜质：你不知道自己有多强　153
03 开发团队潜能：向心力创造一切　157
04 抢人大战：因需求而不择手段　161
05 去中心化：硅谷不是唯一的人才孵化器　165

Chapter 8
延续"乔帮主"的辉煌

01 试错，从"云共享"开始　171
02 布局新赛道：云时代即在眼前　176
03 称霸在线音乐　181

04 智能汽车：争夺全新应用场景　186

05 剑走偏锋的 Apple TV　191

Chapter 9
杀出重围：战略与定力

01 和谷歌的正面较量　199

02 利益与立场的抉择　204

03 望向东方：中国市场战略分析　209

04 力挽狂澜：当"门"事件来袭　214

Chapter 10
文化不衰，精神不灭

01 继承，从"背叛"开始　221

02 引导公司转型　225

03 关于隐私权的持久战　230

04 绿色主义，环保苹果　235

05 专注业绩，其余的交给时代　239

Chapter 1

星球交汇

01
钦点的接班人

人们说，有三个苹果改变了世界：第一个是伊甸园的苹果，它给予人类的祖先亚当和夏娃以智慧，把人类从混沌状态中解放出来；第二个苹果是砸了牛顿头的苹果，它间接促进了万有引力的发现，引领了现代科学的发展；第三个苹果是乔布斯创办的苹果公司，它以出色的创意和极具想象力的方式改变了人与万物的关系。

苹果的确是世界上成功的IT企业之一，它的雏形于1976年4月1日由史蒂夫·乔布斯、史蒂夫·沃兹尼亚克以及罗纳德·韦恩创立，专注于开发和销售个人电脑。1977年1月3日苹果电脑公司正式成立，2007年1月9日改名为苹果公司。现在的苹果公司已经组建了一个庞大的IT帝国，产品和业务包括计算机的开发和销售、在线服务、计算机软件等内容，有Mac系列个人电脑、iPhone手机以及iPad等多个拳头产品。

历经四十多年的成长和磨炼，苹果帝国当之无愧为业界领头羊，甚至不夸张地讲，苹果公司的诞生改变了人们的工作、生活以及娱乐方式。当然，苹果之所以能够在全世界范围内吸粉无数，与其优质的产品使用体验和强大的市场竞争力密不可分，这里不得不提它的创始人之一——史蒂夫·乔布斯。

乔布斯生于1955年，1972年高中毕业后进入波兰的一所大学念了一学期的书，随即辍学。1974年，乔布斯进入一家公司负责设计电脑游戏，两年后苹果诞生。从乔布斯的人生履历来看,他自认为是一个幸运儿,能够在计算机初期发展阶段就及早进入,获得了先发制人的重要机会。到了20世纪80年代,乔布斯依靠苹果的股票在一夜之间成为百万富翁。1986年,乔布斯购买了数字动画公司Pixar,如今它已经成为制作了包括《玩具总动员》在内的诸多著名动画电影的世界一流公司,是乔布斯创业生涯中又一个里程碑。

即便在人才济济的硅谷,乔布斯的传奇色彩也鲜有人可与之相比,他几乎是美国工程院中唯一一个没有在大学读完一年书的院士,而同样辍学的比尔·盖茨至少也上了两年学。对于乔布斯来说,"开创和发展个人电脑工业"就是他毕生的理想。

2011年8月24日,乔布斯向苹果董事会提交了一份辞职申请,这个经历了苹果公司几十年大起大落的传奇人物终于离开了公司权力的舞台。10月5日,乔布斯因患胰腺神经内分泌肿瘤病逝,享年56岁。

就在乔布斯离开苹果的这一年,另一个人从他手中接过了权杖,他就是蒂姆·库克。虽然库克只比乔布斯小5岁,但是库克和苹果的渊源却很短暂,他是在1998年才正式加入苹果的。因此不少人怀疑:库克真的了解苹果吗?他真的能够接管乔布斯留下的苹果公司吗?

事实上,库克对苹果的精神内核与生存哲学早已了如指掌。在他看来,独特的企业文化是一家公司不可缺少的重要组成部分,良好的企业文化能创造出良好的企业环境,能在公司的日常管理和经营中增强团队的凝聚力和战斗力,而苹果正是培育了优质的企业文化,才让它的资源配置达到最优,提升了公司的竞争力并拥有一股强大的内在动力。

虽然没有参与苹果早年的创业发展阶段,但库克也是一个在IT行业奋战多年的人,对行业生态、产品布局、竞争态势都有着充分的了解。当初库克准备进入苹果时,就有人劝他不要去,不过库克经过慎重考虑还是选择加入乔布斯的队伍。

库克的确不是苹果的元老，但这并不能说明他对苹果精神内核的领悟要逊于他人。虽然他和乔布斯有着迥然相异的个性，但这并不影响他们在经营、管理等方面总是有着相近的观点。而且库克懂得极简之道，他与苹果之间天然就存在着一种感应和认同，他的血液早已与苹果的文化精髓融为一体，所以乔布斯才目光敏锐地选择了他。

库克在苹果的成长速度远远超过了其他人。他始终保持着带有预见性的战略眼光，他深知企业要想发展壮大，要想击败同行业竞争对手，必须有足够的自信，而这正是乔布斯所具备的优点，他们都想让苹果从上到下信心满满，不被外界影响，做到真正的专注，进而设计出让世界惊艳的产品。

库克进入苹果后，正如很多心怀抱负的年轻人一样，被苹果的魅力所吸引，排除一切干扰，一门心思地追随乔布斯。初到苹果的库克很快就练成了自信心爆棚的强大气场，这种气场帮助他成为公司的"黏合剂"。当库克由新人变成掌门人之后，更是将他的黏合作用发挥到极致，他能让全体员工紧密地团结起来并一往无前地投入到工作中，还能巧妙地运用文化理念来引导员工，激发他们的潜能。

在管理员工与整合供应链方面，库克力求尽善尽美，他始终相信员工是企业发展的灵魂，如果想让他们发挥自身才能，必须予以充分的激励，当他们的工作积极性、创新性和主动性都释放出来以后，才能提高管理效率和执行力。当库克成为苹果的新一代掌门人以后，他充分让自己的思想和灵魂与公司紧密融合，他经常会考虑如何与合作对象搞好关系、如何提升销售利润以及如何打造竞争优势等问题。从这个角度看，库克和乔布斯一样，都渴望将苹果的竞争力推向更高。

在苹果发展的四十多年中，能不断推出革命性的产品一直是其核心优势，从iPod播放器到iPhone手机再到Mac电脑，差不多每一款产品都成为经久不衰的典范之作。正是因为这种成功策略被发扬光大，库克才坚定了推行乔布斯企业哲学的信念。虽然他没有体验苹果筚路蓝缕的创业阶段，却领悟到了苹果崛起的核心奥义：以技术创新的优势领先于对手。

库克能与苹果的战略理念完全融合，是因为他像乔布斯一样认识到产品依靠技术来赢得竞争优势的重要性，而技术创新是一切品牌战略中的核心，更是一项实打实的硬功夫、苦功夫，几乎每一个知名品牌的背后，都有着强大的技术力量在支撑着。有了这种底气，库克像乔布斯一样热衷于竞争，他加入苹果是因他想帮助乔布斯在产品创新方面有新的突破，他的夙愿就是让苹果成为国际IT行业的"顶流"并拥有无人可以代替的地位，铸就一个不朽的业界品牌。

从库克进入苹果的那天起，他就将对产品品牌的重视摆到了重要的位置。他知道一个产品一旦得到了市场的广泛认可，其竞争力就会持续加强，而推动这一切的必定是技术创新。因为技术创新会通过产品的新功能和新特点来展现，这些新功能和新特点就是苹果独具的竞争优势和市场价值，它能使企业才能牢牢把握住市场竞争的主动权，继而增强核心竞争力。为了让产品趋近完美，库克经常会带着团队去研究和分析市场的发展动向，然后第一时间传递给设计人员，让苹果始终保持着文化、产品和品牌之间的良性循环。

库克没有亲眼见证苹果的诞生，但他的个性与苹果的精神理念以及乔布斯的战略都不谋而合，这一系列"巧合"决定了他能在最短的时间内适应苹果的企业文化，有资格成为乔布斯的接班人。在库克身后，是遍布全球的亿万"死忠粉"，他们不求库克成为乔布斯，但求乔布斯没有看错库克。

02
末日OR重生

有人说,乔布斯留给世界的两大遗产,一个是iPhone手机,另一个就是库克。

这句话并非没有道理。

作为一款具有划时代意义的手机,iPhone改变了人们对功能型移动电话的刻板印象:只能打打电话、发发短信以及玩玩小游戏。iPhone不仅定义了智能手机,而且改变了人与世界的交互关系,仅用一部随身携带的手机就拉近了人与人、人与万物的距离。由此,iPhone引发了整个手机行业的强烈地震和连锁反应,让曾经称霸一时的诺基亚退出了历史舞台并留下那句经典的话:"我们不知道做错了什么,但就是输了。"

iPhone的成功是毫无异议的。在成为苹果的新一代掌门人之后,库克带着苹果继续朝着业绩的高峰冲刺,利润屡创新高,最终成为全世界第一个市值超过2万亿美元的上市公司。当然,对于不了解库克的人来说,他之所以能够取得如此辉煌的成绩,不过是拥有了苹果这个庞大且坚实的舞台。然而,事实真的如此吗?

库克是在1998年进入苹果公司的,彼时的苹果绝没有今天在行业中的霸主地位,当时的苹果既没有iPhone这种打动全世界用户的拳头产品,也没有iPod、iPad这样名震数码圈的产品线,它所拥有的仅仅是连年的财政赤字,甚至有不少业内人士预言:这家公司马上就要关门大吉了。这并非危言耸听，早在1994年，苹果就因为资金匮乏而四处寻找买家接盘，用"摇摇欲坠"来形容这家公司毫不过分。

那么，彼时的库克又是什么状态呢？想必可以用"春风得意马蹄疾"来形容他。

1997年6月，苹果对外公布第二季度亏损了7.4亿美元，成为当时圈内的笑柄，而与之产生鲜明对比的就是库克任职的康柏——它早在1993年就成为继IBM之后的行业第二。康柏之所以能够取得如此成就，与其正确的产品策略不无关系。当时康柏瞄准了计算机市场中的低价位电脑，推向市场后立即收获了一大批用户和粉丝，这成为康柏后来居上的制胜法宝。1994年，康柏就超过了长期雄踞于业界顶端的IBM。尽管在1997年出现了业绩下滑的波动，但康柏在1998年时仍然是全球知名的计算机制造商，其计算机在全球的市场占有率已经达到13.5%。

1997年是库克加入康柏的第一年，那时的他主要负责康柏的材料采购和产品存货管理。而就在当年，康柏的年收入达到了250亿美元，年增长速度高达24%，被《福布斯》评选为1997年的最佳企业。1998年，库克升任为康柏的副总裁，此时的康柏在世人眼中无疑是一家实力雄厚的大企业，在行业中几乎难有匹敌，库克也正处于事业发展的上升期。然而就在很多人期待着他能够站在巨头的肩膀上有所作为的时候，他竟突然离职，转而去了正在下坡路上踩滑板的苹果公司。

用世俗的眼光来看，当时库克做出的决策无疑是一招臭棋，但是真正了解他的人都知道，库克一生中做出的大部分抉择，凭借的都不是一时翻涌的冲动，而是缜密冷静的思考。而他对苹果的选择，却是"直觉＋理性"双重作用的结果。

与库克的冷静和理性相比，当时的苹果似乎更像是一个莽撞、叛逆的创业者，他们不仅在经营策略上犯了错误，还对整个市场的发展做出了严重误判，最典型的就是拳头产品Mac电脑。众所周知，Mac自从问世以来就贴着高端、商务等标签，然而常年居高不下的价格劝退了一部分潜在消费者，虽然他们也承认Mac是优秀产品，但认为不值得花如此多的钱。这种与用户的离心最终让Mac电脑的市场占有率常年维持在13%上下，更是把苹果的股价拖到了每股35美元。

在外人眼中，当时的苹果可谓"狼狈不堪"，由于缺少资金，苹果疯狂寻找买家，其中有惠普、IBM等行业巨头，然而彼时的苹果毫无话语权，在谈到收购价格时总是被对方拿捏。当时的掌门人迈克尔的计划是以每股60美元的价格忍痛售出，可IBM却不以为然地给出了每股40美元的价格，最终导致收购流产。这并非IBM强势压价，事实上，当时苹果几乎找遍了全美有能力接盘的收购方，可大家无一例外地都给出了低于心理预期的价格，最后迫使苹果不得不去亚洲寻找买家，先后找到了索尼、三星、东芝等企业，最后依然无果而终。

在苹果的无人理睬和康柏的众人仰望之间，库克决绝地选择了前者，当然他也得到了上司直白的评价："只有傻子才会从康柏跳槽去苹果。"

那么，库克放弃康柏转投苹果的原因是什么？想必这是很多钻研成功学的人最感兴趣之处。如果简单粗暴地回答，那就是"眼光"，如果再具体一些，就是"工程师思维"。

所谓"工程师思维"就是"去世俗化"，即不用世俗的标准去评判一件事物的好坏，这些标准包括苹果当时的财务状况、市场占有率和行业口碑等。那么工程师应该看什么呢？他们眼中只有去伪存真的本质，这个本质就是苹果与生俱来的某种气质。

1971年，当时年仅16岁的斯蒂夫·乔布斯和21岁的斯蒂夫·沃兹尼克在比尔·费尔南德斯的介绍下相识。1976年，乔布斯说服沃兹尼克组装机器之后再拿去推销，而他们的另一位朋友罗纳德·韦恩也正式加入，最终三人在1976年4月1日成立苹果电脑公司。公司成立后推出的第一款产品是Apple I，这是一款手工制作的计算机，带有CPU、RAM和基本文本视频芯片的主板，虽然以现在的眼光来看，它还算不上是一款真正意义上的个人电脑，但是它拥有同时代计算机难以比拟的优势：比同等级的主机所需要的零件更少。如果从"奥卡姆剃刀法则"的角度看，这足以证明Apple I理解了计算机的核心，因此它被世人看成杰作，尽管它只生产了200台，却在电脑发展史中留下了精彩的瞬间。

在Apple I之后，苹果又推出了Apple，这是一款拥有16年超长寿命的经典计算机，直到1993年才正式停产，总计销售出600万台之多，也正是这款机型的成功使苹果在上市后迅速获得了1亿美元融资。

计算机是需要创意、需要定义、更需要开拓者气质的产品，而苹果恰恰具备了这种气质。相比于苹果，稳重的康柏虽然在商业策略上暂时领先，但似乎少了那么一种"让用户惊声尖叫"的气质，而正是这种微妙的、不易被大多数人察觉的区别，成为库克下定决心的关键和心向往之的冲动之源，所以这并非感性或者理性单独作用的结果。

至此，一个声音在库克心中不断回响，那就是"离开康柏，进入苹果"。

1998年，苹果有如末日来临，而对于库克来说，他将经历一次重生，这个重生就是走出舒适区迎接全新的挑战。苹果暗藏的开拓者气质是库克选择苹果的原因，同样，苹果选择了库克，也是因为库克身上的孤勇者气质：他敢于顶着世俗压力做出一个让人"匪夷所思"的决定，他敢于放弃当前的筹码进入下一个未知的赌局，这种义无反顾的魄力和那种难以名状的直觉也必然造就了库克的唯一性——他，就是被乔布斯看中的人，他，也是苹果历史性的选择。

03
电光石火的决策

如果说库克在康柏和苹果之间做出了一个艰难而又重大的选择，那么乔布斯在众多应聘者中选择了库克，同样也是冒着极大的风险——将苹果的未来交给一个并不了解的人，而且这个决策的过程堪称电光石火——乔布斯只用了5分钟就拍板了。

作为一个偏执狂，能够在如此短的时间内将全部信任交给一个并没有共事过的人，自然会有人产生疑问：乔布斯为何选择了库克？关于这个答案，网络上流传着一个笑话：库克会用Excel。然而正是这个看似不着调的笑话，却点出了库克身上的一个重要优势——运营能力。

一张填满数字的Excel表格背后，是缜密头脑和对供应链和库存管理的丰富经验，而这就是库克留给乔布斯的清晰印象——苹果正需要库克这样的顶尖人才，只有他，才能将苹果从劫难中拯救出来。

苹果在1998年经历的"渡劫"，要从4年前说起。

1994年，彼时的苹果还处于蒸蒸日上的利好阶段，是位居IBM之后的计算机行业的第二大公司，在美国、爱尔兰和新加坡拥有三家大型工厂，它们都保持着7×24小时不间断的生产节奏，以此供应美国、欧洲和亚洲市场的电脑。由于产能惊人，当时苹果雇用了13000多名员工，年收入超过90亿美元。

当企业发展得顺风顺水时，潜藏的危机往往会被掩盖住，面对财务报表,人们拿起的是香槟而非放大镜,于是在1995年,苹果的噩梦降临了。

1995年8月24日,微软发布了Windows 95,由此揭开了在计算机市场疯狂扩张的序幕。Windows 95"大杀特杀"的原因是其兼容性极强,能够匹配多个品牌的计算机,所以在发售的第一年就卖出了4000万份。由于其价格十分亲民,自然就让装载它的电脑变得便宜很多,虽然和苹果电脑相比少了那种"高端范儿",却最终依靠海量的用户在市场上站稳了脚跟。于是在1996年的第一季度,苹果从上年度的盈利4亿美元变成了亏损6900万美元,到了第二季度更是出现了7亿美元的巨额亏损,被称为硅谷历史上最严重的亏损之一。

面对如此颓势,乔布斯只能拿起大刀砍掉各条产品线,最后只剩下了专业级台式电脑、专业级便携电脑、消费级台式电脑和消费级便携电脑四个类别。除此之外,乔布斯还面临着一个重大难题:如何准确预测计算机市场的需求?

这个问题听起来简单,但实际操作起来极难,因为这涉及提前投入的成本,比如在1993年,苹果因为PowerBook(苹果笔记本电脑中历史最悠久的产品之一,最早版本于1991年问世)的库存积压损失惨重,因为该款产品销量远远低于苹果的预期,并没有多少消费者喜欢。而到了1995年,苹果又走向了另一个极端——严重低估了市场对下一代Power Macs(Power Mac系列中的产品)的需求,致使下生产订单时过于保守,糟糕的是在供应链上又缺乏灵活性,无法见机行事地修补生产缺口,最终导致产量和市场需求严重脱钩,白白错失了大笔利润。在品牌口碑上,苹果也损失了不少信誉,当时很多购买电脑的用户要等待2个月才能拿到货,这对于计算机刚需用户来说无异于灾难。

当苹果从快车道转入盘山道时,之前隐藏的危机终于现形了。

乔布斯的偏执和苹果的产品策略,让苹果走上了部分组件定制化设计,然后外包给个别供应商来生产的路线,如果一切顺利,自然是双赢结局,因为这样的产品是无法复制的,但弊端就是出现意外后只能等待定制化组件慢慢地从工厂生产出来,无法临时采购替代品。

1997年,苹果在加利福尼亚州的萨克拉门托市、爱尔兰的科克市和新加坡都设立了工厂,按照计划,3家工厂生产相同的主板并组装相同的产品,然后分销到美国、欧洲和亚洲。然而计划还是被现实打败了,整个生产组装过程混乱不堪。以PowerBook为例,它在新加坡被组装了一部分再运到科克安装其他组件,然后返回新加坡进行最后的组装,之后才能送往美国销售。

如此杂乱无章的生产组装路径,即使是外行看了也能发现问题。除此之外,因为担心原材料短缺,各个工厂都有大量的库存,可依然会出现缺料断货的情况,为此经常要各种加急赶货,付出很多额外的代价。

1997年,乔布斯重返苹果并出任临时CEO,虽然这位创始人的回归给大家带来了一丝希望,然而苹果并没有因此多卖出几件产品,依然在快速、大量地流失客户和收入,眨眼间就陷入了困境。

对于乔布斯来说,他是一个专注创新的设计天才,而非一个专攻运营的管理大师,所以他无法对苹果的库存和供应链进行有效的介入和修正,但如果这个摊子没有人才来负责,必然会给苹果增加更多的生产成本和库存成本。此时苹果的所有难题都集中在了供应链和库存这两个关键点上,谁能解决这两个难题,谁就是此时苹果的救世主。

显然,在康柏就大显身手的库克是当时苹果最需要的救火队员。事实证明,乔布斯没有选错,库克来到苹果以后,仅用了一年的时间就快速清理了库存,同时还让苹果从亏损10亿美元变成了盈利3亿美元。

1998年,库克接管供应链后,立即关闭了美国及欧洲的生产基地,转而和亚洲的代工厂合作,把所有的生产制造业务完全外包,采用新的库存管理系统,让苹果的存货周转时间由一个月骤减为6天。

库克的此番举动得到了乔布斯的许可,这在过去是旁人无法想象的。像乔布斯这样控制欲极强的人,是无法忍受自己产品的关键部分被外包出去的做法的，也正是他对建立工厂的痴迷才让苹果遭受了差点倒闭的劫难。但面对现实，乔布斯还是愿意妥协并放心大胆地交给库克决定。

至此，苹果不再拥有一家属于自己的工厂，这些工厂自然就成为苹果庞大供应链中的一部分。从数以万计的电子元器件采购到成品包装出货，都需要高效的供应链管理能力，稍有疏忽就会带来巨大麻烦，而库克就成了消灭这个麻烦的主管人，苹果也成为少数接近零库存管理的跨国企业。

仅仅是清理库存这一举措，就让苹果从此成为全球25强供应链中连续8年"霸榜"的头牌（由知名咨询公司Gartner排名）。库克的到来，让苹果公司终于补齐了运营的短板，变身为一家从产品设计到技术研发再到管理运营，各个方面都极为出色的创新型企业。后来乔布斯这样说道："库克是我招募到的最出色的员工。"

库克对自己的定位也很清楚，他知道苹果需要自己做什么。在苹果拥有了大量的代工厂以后，库克多次深入工厂了解第一手资讯，而乔布斯却没有这么做过，因为库克的能力让他放心，他要找的就是一个能够在未来让苹果平稳发展的人，一个专业的经理人。

实际上，在苹果前CEO詹姆斯·麦克鲁尼1997年离开后，乔布斯就一直面临着缺少帮手的困境，他无法从公司内部挖掘有潜力的人才，也没有在身边找到合适人选。这种情况持续了9个月的时间，最终乔布斯选择了库克。

当然，库克在来到苹果之后也面临着一种无法回避的尴尬：他和才华横溢、充满强烈个人风格的乔布斯相比，实在是显得有些温和与低调了，准确地说，库克身上缺少那种明朗的个人特质，不会让人讨厌，却也无法让人迅速喜欢，这成为后来人们质疑他能否接管苹果的理由之一。但是，乔布斯选中的人恰恰就该有这样的特质，如果他仅仅是一个"乔布斯第二"，又如何将苹果从昔日的水火中解救出来呢？

历史无法假设，苹果也不需要假设，它在一个关键时刻选择了库克，而库克也愿意将自己注入苹果，这一切，只发生在电光石火之间。

04
新掌门，新思路

2010年，库克参加了母校奥本大学的毕业典礼，他在演讲中说了这样一段话："能在苹果工作，从来不曾出现在我的规划中，但毫无疑问，它是我迄今为止做过的最正确的决定。"

没错，库克和乔布斯一样不后悔选择了对方，这种双向奔赴也在客观上推动苹果朝着一个新的方向演化，而演化的结果就是我们今天看到的浴火重生、王者归来的苹果帝国。

1998年3月11日，库克正式加入苹果。

这一年库克37岁，职务是苹果全球运营高级副总裁，基本薪资为40万美元，签约奖金为50万美元，这个薪资水平在苹果内部排名第五，排在库克前面的是乔布斯、首席财务官安德森、销售总监曼尼奇以及负责硬件开发的鲁宾斯坦。作为回报，库克要做的是大力整顿苹果制造和分销的乱象。

此时的库克在苹果有着特殊地位，虽然乔布斯依然执掌大权，但库克已经将他对苹果的管理理念注入了这家刚在死亡边缘重生的企业之中。库克不仅砍掉了苹果所有的工厂，也同步加快了苹果各个生产环节的外包工作。

虽然库克和乔布斯从个性上看存在着较大差异，一个温和儒雅，一个强势霸道，不过正是这种反差感极强的组合，才让他们发挥出各自的优势。乔布斯对库克是极其信赖的,他知道对方为了苹果放弃了当时如日中天的康柏,所以他给予库克无限的信任。

进入苹果后,库克接到的第一个任务就是运营管理,这是关乎苹果生死存亡的重要工作,足见乔布斯对库克的信赖。从1998年到2000年,库克一直担任高级副总裁,苹果的日常运营工作由他全权处理。

运营工作对企业有多么重要呢?简单说,就是负责人要用最科学易用的方法来管理企业,而库克具体负责的事务就是生产管理、设备管理以及库存管理,当然这对库克来说驾轻就熟,因为他在康柏任职期间就是处理这些事务的。库克不仅经验丰富,而且也极具运营管理的天赋,这一点得到了乔布斯的充分赏识,2000年以后,乔布斯又将苹果的销售服务和后台支撑工作交给库克处理。看似是在"逼迫员工加班",其实代表着乔布斯对库克的信任在不断增加,毕竟这可是一位控制欲冲出天际的创始人。

库克是个多面手,这类复合型人才对于企业来说是"性价比"最高的存在,他们既可以完成原有的工作任务,也能处理职务范围之外的突发事件(当然他们的职务也会因此发生变动),所以当人们逐渐了解库克的综合能力之后就大胆预言:库克将来会被继续提拔。

从2002年到2005年,库克主要负责苹果在全球的销售和运营管理,此时他的职位从原来的高级副总裁升为资深副总裁。然而,这个职务跃迁可不是库克被提拔的终点,2004年,他又被乔布斯委派去开发Mac的硬件,这相当于同时肩负着生产和销售两端,这在很多企业中是比较少见的。

随着库克在苹果的权力和地位的提升,他的薪资待遇也从之前的第五位升到了第三位,在2004年成为COO(首席运营官)之后,年薪一跃位居第二,成为事实意义上的二号人物。

和苹果的其他领导层人士相比,库克的升职加薪速度堪比乘坐火箭,他是一个成功演绎了后来者居上的传奇人物。毕竟在一个20世纪70年代就创立的大公司中，有众多创业时期就留下来的老将，一个外来者仅用5年的时间就成为"一人之下万人之上"的核心人物，这足以证明库克的价值以及他在乔布斯心目中的位置。

当然，乔布斯对库克的倚重，换个角度看就是对身边其他追随者的"背叛"。

1983年，由于Lisa数据库的失败，苹果损失了大量的相关研究经费，加上IBM个人电脑对市场的冲击，苹果的收益愈发惨淡。董事会和总经理却把所有的责任推到了乔布斯身上，这里面当然积累了他们平时对乔布斯的不满，毕竟乔布斯认知下的苹果和很多人都不同。于是1985年4月在董事会决议下，乔布斯被撤销了经营大权。他想夺回权力却最终失败，于是在当年9月17日愤然离开了由他亲手缔造的苹果公司。

离开苹果后，乔布斯身边依然聚集了一群愿意和他共患难的忠实追随者，他由此创建了Next公司，又在1986年花费1000万美元从大导演乔治·卢卡斯手中收购了位于加利福尼亚州的一家电脑动画效果工作室，于是就有了后来大名鼎鼎的皮克斯动画工作室，并在1995年推出了轰动全球的首部全3D立体动画电影《玩具总动员》。1996年，苹果陷入困局，乔布斯也就在这个时间点霸气归来。

乔布斯的出走与回归，离不开身边的心腹伙伴，按理说这些和他共进退的人才应是他日后倚仗的关键人物，然而他们在库克出现之后顿时变得黯然失色，库克身上独有的光环遮蔽了他们昔日的光芒。这并非乔布斯忘恩负义，而是他比任何人都清楚库克对苹果的意义所在。

2004年的库克已经不是一个单纯的执行者角色，不只是完成乔布斯交给他的任务，而是成为乔布斯的左右手，甚至可以说他在辅佐乔布斯引领苹果朝着下一个更伟大的目标前进，而他也成为能够独当一面的人。当年7月，乔布斯因为胰腺肿瘤要做一次切除手术，为此请了两个月的病假，这正好给了库克出任临时CEO的机会。从当时的手术情况来看，乔布斯的病情趋于稳定，2005年6月，他还参加了斯坦福大学的毕业典礼，当时他对大家说自己已经康复了，不少人都为之松了一口气。只是没想到命运和所有人开了一个玩笑，没过多久，乔布斯的身体状况又变得糟糕——他的胰腺癌复发了。

乔布斯的病情恶化，让苹果不得不考虑一个残忍而又现实的问题：一旦乔布斯无法继续正常工作，该由谁来接替他呢？当然，这个问题的提出并非苹果内部有人在觊觎乔布斯的第一把交椅，而是大家已经把乔布斯视作无人能替代的领袖。毕竟乔布斯回归之后让苹果起死回生，上至管理层下到执行层，大家已经对乔布斯产生了严重依赖，人们无法想象一个失去了乔布斯的苹果将如何发展，也没有谁具备像他一样的领导才能和创意天赋。苹果是乔布斯的苹果，这是当时大多数人的观点。

更糟糕的是，由于苹果自身的企业文化和发展路径，从外部引入人才是不现实的。虽然库克也是外人，但他可是在乔布斯的钦点之下进入苹果的，而如果没有乔布斯的器重，任何一个外人都无法坐上执掌苹果的第一把交椅。如此看来，库克似乎是最接近标准答案的那个人选了。

2005年10月14日，乔布斯任命库克为苹果的COO，此时的他在苹果不是资历最老的，却是最受乔布斯看重的。乔布斯对库克的评价是："蒂姆·库克在业务上取得的成就有目共睹，这也是本次公司认可他升职的主要原因。"除此之外，乔布斯多次在公开场合号召大家支持和理解库克，这些举动从侧面已经显示出他想要扶持库克接任的用心。

2009年1月14日，备受病痛折磨的乔布斯再次请假，库克也又一次走到前台出任了临时CEO。此时，距离库克全面接管苹果的日子已经越来越近了。对他来说，成为苹果的新任掌门人将承受前所未有的压力，尽管他之前可以称得上是苹果的二号人物，但二号和一号的距离看似很近，实则很远。其中就有乔布斯身为创始人和精神领袖的特殊身份造成的二者之间的距离，而这些都是库克不具备的，哪怕他被乔布斯看重，但要想在苹果内部获得所有人的全力支持,他还要付出更多的努力,而结果则难以预测。

或许,这种对未来的不确定性正是库克当初选择加入苹果的冲动的根源,而如今他则要面对一个更大的、影响其后半生的不确定性,在这种不确定性中,可能藏着失败,也可能藏着另一段传奇。

05
他吃透了"苹果"

乔布斯是苹果的创始人之一，库克并未参与和见证苹果的诞生，但这并不意味着他不懂苹果，甚至从某种角度看，他比那些资历老的人更懂苹果，而这就集中体现在"生存和发展"这个主题上。

在乔布斯时代，苹果的生存和发展主要体现在高强度的竞争中，这种竞争并非和同行的必然竞争，而是公司内部的竞争。在初代Macintosh（译为"麦金塔电脑"，苹果电脑早期的统称，从1998年开始由Mac代替）和后来的Mac时代，乔布斯就曾经把开发团队分成两拨形成竞争关系，有点华为内部"红蓝军"假想敌对抗的意思。进入iPhone大放异彩的时代后，乔布斯也沿用了这套看起来有些残酷的竞争策略：他让托尼·法戴尔和斯科特·福斯托两位高管比拼谁先能想到研发手机的最佳创意。这可不是简单的头脑风暴竞赛，而是实打实地组建了两支队伍，每一方各自为战，且对自己的工作内容严格保密，俨然在苹果内部建立起了"分公司"。

从积极的角度看，乔布斯的内部竞争机制的确推动了新创意源源不断地产出，也激发了团队内部互相比拼的意识，有一种"鲶鱼效应"的作用。这恐怕和早期苹果内部的激烈斗争氛围不无关系，而乔布斯亲身经历了这种残酷的斗争。但是从消极的角度看，频繁的内部竞争也会在客观上冲淡团队成员之间的合作意识，容易滋生出"山头主义"，朝着零和博弈的方向靠拢。

在库克接管苹果之后，经过他对公司上下多年的了解，最终确立了一条"合作与协调"的路线，从而摆脱了乔布斯时代反复无常且无止无休的内部竞争。库克这样做自然有其道理。因为苹果是一个庞大的、复杂的、多样化的企业，在不同部门之间原本就存在着沟通和协作的壁垒，过度的内部竞争只会加剧分歧，所以库克从盘活大局的角度出发，避免了各自为战的不利发展趋势，成为一个积极促进团队合作的掌门人。

从这一点看，库克吃透了苹果的格局定位——要整合，不要分裂。

当然，库克要解决的问题远不止于此。在乔布斯时代，苹果是一个容易被冠以"傲慢"标签的企业，乔布斯从未因苹果信号差的问题而向用户道歉，这种作风也影响了整个领导层。2012年，苹果推出的Siri出师不利，苹果地图也被《纽约时报》评价为"一款尴尬且不实用的软件"。然而真正尴尬的却是负责开发这两款应用的斯科特·福斯托拒绝向用户发致歉信。如果乔布斯还在世的话，大概率也是这种态度，而他的个人魅力可以压制住一部分公众的怒火。

面对社会大众的抨击，库克没有装聋作哑，他主动公开道歉，还解雇了福斯托。虽然福斯托素有"小乔布斯"之称，但是在库克看来，此人只是一个麻烦制造者而已，他不能容忍这样的人在领导层中胡乱指挥，这会把苹果拖入泥潭之中。

解雇事件被某些媒体称为"库克背叛了乔布斯"，但实际上这恰恰证明了乔布斯当初的选择没有错：如果库克只是一个唯唯诺诺的守成之君，他又有何德何能来充当苹果的掌门人呢？那乔布斯不如在身边的追随者中随机抽取一个人更好。

事实上，在库克进入苹果之后，多年积累的危机并没有随着库存清理干净而消失殆尽，苹果依然面临着巨大的生存和发展压力。2012年，ABC电视台的特别节目《夜线》和《纽约时报》发表了关于富士康工作条件的调查报告，指责苹果对富士康的工人待遇缺乏关心。对于媒体的报道，库克没有回避，而是直言不讳地回应了供应链中工人遭受精神和肉体虐待的指控，同时承诺会解除不关心劳动者权益的供应商。在此之后，苹果确定了360条"补救行动准则"，内容涉及工人安全、薪酬待遇和工作环境等多项需要修正的事项并大部分予以落实。经过富士康事件，人们终于发现，库克在出任CEO的第一年，在供应链方面做出的改进比乔布斯整个任期中所做的都要多。

从这一点看，库克吃透了苹果的品牌定位——道德感与核心价值不能丢弃。

提到富士康，就不能不提到中国。在供应链层面，苹果手机产品的一部分产能放在了深圳、郑州等地的工厂，此外中国地区用户对苹果的品牌忠诚度也较高，于是苹果自然在生产端和销售端两个环节上都和中国深度绑定。苹果和其他企业相比，对庞大的供应链系统非常依赖，一旦某个环节出现问题，都会产生多米诺骨牌效应，崩塌就在转瞬之际。

当然，库克是清醒的，他既重视中国市场，同时又不会把赌注都押在中国市场，他一直在试图将中国市场的供应链转移至东南亚地区。因为和中国相比，那里的人力成本更低，更有利于苹果缩减制造成本。同样，对中国市场以外的亚洲用户，库克依然高度重视，比如在iPhone14发布时，印度和中国同步出货，而在此之前则是印度市场要比中国市场晚一个季度出货。这些都能证明库克越来越看重中国以外市场的布局。

显而易见，库克对中国"若即若离"的态度并非权术层面的玩弄，而是一种战略格局上的调整。

一方面，库克死死地抓住一条核心原则：最大限度压低成本，同时追求更大的利润空间。苹果之所以堪称盈利之王，是因为每采购一类零部件，都会选择2至3家供应商，为的就是增加议价的话语权。

另一方面，库克敏锐地意识到苹果要分散市场布局，从而降低单一市场的风险，从供应链到销售端都是如此，"常驻"某个国家并非明智之举。

而一旦苹果拥有了更多的生产线，就意味着能够在短时间内快速调整生产目标，将供应链变局带来的损失降到最低。

从这一点看，库克吃透了苹果的生存定位——死磕成本，眼界放宽。

格局、品牌和生存，这三个定位决定了苹果未来发展的趋势，而这一切都掌控在库克手中，他可以保守地慢挤牙膏，也可以激进地开疆拓土，无论外界如何将其和乔布斯进行比较，他都已在事实上成为苹果的命运决策者。

作为企业的决策者，有能力驾驭从管理层到执行层的所有员工是必备素质，然而仅有能力依然不够，领导者还需要有一种源于内心的情感，这种情感就是对企业的认同和热爱，乔布斯如此，库克也是如此。库克对于苹果是带有一种深情和激情的，这里不仅是他展示个人才干的平台，更是他职业生涯的理想归宿。库克对苹果的爱，让他开始一点一点"咀嚼"苹果的"味道"，其中有需要他继承乔布斯衣钵的地方，也有他必须摒弃的糟粕，唯有这样才符合他新任掌门人的身份定位。因为，无论你多爱吃苹果，总不能连苹果核也一起吞掉。

Chapter 2

不羈人生

01
小镇男孩的崛起

1960年11月1日,在美国亚拉巴马州的莫比尔市,库克降生了,他在家中三个兄弟中排行第二,另外两个兄弟一个叫麦克,另一个叫杰拉尔德。库克的父亲唐纳德·库克在造船厂工作,母亲杰拉尔是一位家庭主妇,偶尔兼职做药剂师的工作。虽然家境十分普通,但是家庭关系和睦,库克和家人保持着融洽亲密的关系,一直保持着每周和家里人通电话的习惯。

莫比尔市是亚拉巴马州第三大城市,它位于墨西哥湾沿岸,是一座交通便利的港口城市。这里旅游资源丰富,有收藏艺术品的博物馆,也有风景宜人的公园,还有大教堂,整个城市融合了哥特式、文艺复兴时期等多种建筑风格。不过,库克一家并没有一直生活在这里,他们后来搬到了佛罗里达州的彭萨科拉居住,库克的父亲在那里的海军基地找了一份工作。

然而库克一家在彭萨科拉也没有生活多久,又搬到了亚拉巴马州的罗伯茨代尔。

罗伯茨代尔是一座具有美国风情的南部小城市,紧挨莫比尔港口,在南北战争时期曾经是重要的军事港口。不过,直到今天它仍然是一个名不见经传的小地方,不被大部分美国人所知。

在20世纪60年代,罗伯茨代尔的人口不超过4000人,人种构成也比较单一,民风保守。然而对于尚处童年的库克来说,在这里他能够充分享受田园牧歌式的生活乐趣，可以到海滩尽情地玩耍，饱览一望无际的壮丽海景。

库克的少年时期并无特别突出之处，他不像巴菲特在童年就展示出了经商天赋——6岁就能靠兜售可乐赚钱。库克给人的感觉就是一个普通寻常的孩子，他像很多美国少年那样骑着自行车挨家挨户地送报纸，中学时期还去药店和饭店打工，家庭生活的拮据让他从小就养成了勤俭节约的习惯，这似乎也练就了他"节约生产成本"的管理思维。

虽然家庭条件一般，但是库克的父母并不抱怨生活，他们是虔诚的基督徒，库克也一直坚定地把宗教信仰看成是生命中重要的组成部分。

学生时代的库克是标准的好学生，他在代数、几何、三角学等需要分析能力的科目中表现出众。他不仅学习认真，而且性格也温顺善良，班级里几乎没有人不喜欢他。但他又不是那种只会读书的书呆子，他会演奏长号，总能在各类活动中出场；他还积极参加各种校外活动，比如在美国退伍军人协会组织的领导能力培训中，库克被选为罗伯茨代尔市的代表。总的来说，库克是一个力争在各个方面都有所长进的综合型人才，他既有沉静独立的一面，也有积极融入的一面，他可以作为一个领导者存在，也能出色地胜任一个执行者。

值得一提的是，库克在高年级时逐渐表现出了商业才华。当时他参加学校年鉴的制作工作，担任业务经理，其中一项工作内容就是拉广告。由于库克的努力，当年的销量和广告费都创下了纪录。

然而，学生时代留给库克的不只是温馨与高光，也有黑暗与残忍。当时的亚拉巴马州种族歧视非常严重，白人经常在黑人面前肆无忌惮地讲着种族歧视的笑话，如果白人和黑人约会可能会被打死。库克在上中学时，有一次骑自行车经过郊区，碰巧看到一帮白人正准备用一个十字架点火烧一所黑人住宅，心存正义的库克立即大喊让他们住手。他看清楚其中一个人是教堂的执事，那人也认识库克，所以并没有动怒，只是劝库克赶快离开。

这次经历在库克心中留下了难以磨灭的印记,他表示自己无法理解那些白人至上主义者的愤怒情绪,熊熊燃烧的十字架曾在瞬间让他感到迷茫和惶恐。

库克对黑人的同情并非一种"政治正确",多年以后他的办公室里摆着两张照片:一位是马丁·路德·金,另一位是罗伯特·肯尼迪(美国第35任总统约翰·肯尼迪的弟弟),前者是美国黑人民权运动领袖,而后者在20世纪60年代推动了美国黑人民权运动的发展。

一个人在青少年时期产生的认知往往会伴随其一生,今天苹果公司员工中的有色人种比例是非常高的,这和库克对有色人种的态度不无关联。

与种族歧视相生相伴的是对性少数人群的歧视,库克身为其中一员自然也深受其害。虽然他把这种身份看成是上帝赐给他的最好的礼物,但是迫于时代的局限性,他只能隐瞒真实的自己,伪装成一个所谓的"正常人"。或许从这时开始,库克就在逐渐学习如何隐忍,这种隐忍不是怯懦,而是一种生不逢时的暂时的妥协,只要给他一个机会,他必然要大胆地表达,这种心态也逐渐影响了他后来事业发展的轨迹。

1978年,库克从罗伯茨代尔的公立高中毕业。在毕业典礼上,他以全校第二名的身份向在场的来宾致辞,这一幕一直深深地印刻在他的记忆中。

库克之所以能够成为学霸,和他的一个学习秘诀密不可分,那就是保持恒心。是的,库克无论干什么都是有始有终,他从来不会依靠一腔热血而盲目开始一件事,而是在深思熟虑后才行动,并且不达目的不罢休。这种恒心是一个企业领导者所需要的关键特质。不过,库克并非那种锋芒毕露的人,他向来喜欢保持低调,虽然他成绩优秀,但是家里人毫不知情,因为他从来不在取得成绩后四处宣扬。

沉稳、有耐心、低调、周全,这些就是库克身上的标签。

高中毕业后，库克面临着一个难题：他可能要离开家乡了。罗伯茨代尔是一座小城，教育水平较低，库克的高中甚至连一台计算机都没有，这些客观条件注定会限制库克的眼界和未来发展。当时，库克有两个选择：一个是亚拉巴马大学，另一个是奥本大学，最后他选择了奥本大学。

奥本大学于1856年建校，是美国南部的老牌公立名校，在130多个领域提供学位，在文学、科学、数学等领域都有很强的研究项目。当然奥本大学最引以为傲的是它的体育项目，它的"Tigers（虎队）"体育队在NCAA（全国大学体育协会，是由1000多所美国和加拿大大学院校参与结盟的一个协会）的各项赛事中都获得过优异的成绩，为美国乃至全球培养了一大批篮球、橄榄球、体操等方面的体育人才。

巧合的是，库克正是一个橄榄球迷，他最喜欢的球队就是奥本大学的虎队，至今他的办公室里依然摆着很多虎队的纪念品。当奥本大学虎队夺冠的消息传来时，库克表示那是他人生中最美妙的时刻。

库克学习的是工业工程专业，这个专业对很多人来说比较陌生，它的主要研究方向是管理学、运筹学以及经济学等，目的是确保产品质量、提高劳动生产率以及降低成本等，这对库克日后的职业经历都很有帮助，也培养了他日后被乔布斯看重的核心技能。除了学习专业技能外，库克还学习了编程，因为他意识到未来社会将是一个深受计算机影响的社会。在日常生活中，库克给人的感觉是安静和善，人缘非常不错，是一个具有"黏合剂"功能的人。

1982年，库克以优秀毕业生的身份从奥本大学毕业，在毕业典礼上，库克深情地说："奥本大学对我来说就像家一样，我在这里留下了许多美好的回忆。奥本大学在我的人生中扮演了重要的角色，对我来说意义非凡。"

1988年，库克获得了北卡罗来纳州杜克大学福库商学院的工商管理硕士学位，不过他从来不认为自己是商管出身，而是更喜欢称自己是工程师。对此他是这样解释的:"当我决定从康柏离职进入苹果的时候,脑海里想的是我即将担任'工程师',在新职务上能得到不同的训练。'工程师'的新身份让我学到不感情用事,根据自己的分析做出判断。"

2010年,库克出席了奥本大学的毕业典礼,当时的他情绪激动,一时间甚至无法开口说话。

库克的激动是有理由的,正是从奥本大学毕业之后,他开始了自己的传奇人生。

02
PC界的翘楚

在经历了两次工业革命之后，人类社会迎来了第三次工业革命，这是一次以原子能、电子计算机、空间技术以及生物工程的发明和应用为主要标志的科技革命，它从更深的层面影响着人类社会的发展。比如，我们今天所处的"互联网时代"，就是计算机技术发展的结果。自然，掌握了计算机和网络技术的人，就有机会成为这个时代的弄潮儿。

当年，库克之所以远离家乡，选择去奥本大学学习时，一个看起来微不足道的原因就是他的高中没有计算机。

在20世纪60年代，计算机在经历了电子管、晶体管两个时代之后，进入了集成电路数字机时代。在硬件方面，主存储器沿用了上一代磁芯的设计，而在软件方面则出现了分时操作系统和结构化、规模化程序的设计方法。相比于前代，最大的进步就是计算机运行速度变得更快了，同时在可靠性上有了明显的提高，制造成本也逐步下降。这意味着不再只有政府和企业能用得起，计算机已经开始朝着民间市场发展，应用领域也拓展到了文字处理和图形处理方面。

这些重大变化，当时的普通人是无法察觉到的，但是对一些业内人士来说，他们已经预感到了一场新的变革正在酝酿。这场变革也成功将库克"卷入"。

库克与计算机的结缘要从IBM说起。

IBM，即国际商业机器公司，1914年创立于美国，是全球最大的信息工业跨国公司。人们常说："IBM前30年的历史就是IT业前30年的历史。"此话不假。IBM是一个神奇且强大的公司。从螺丝钉、键盘、鼠标到CPU、硬盘、内存，再到大型机、巨型机，IBM都能制造，甚至可以提供从软件到硬件的服务，任何一家IT企业都无法与之相提并论。20世纪60年代，IBM的计算机主机市场占有率达70%，发展如日中天。

进入80年代，IBM决意杀入个人计算机市场，而当时的苹果也在渗透同一片市场。而IBM的高层敏锐地意识到，如果下手慢了，等到用户习惯苹果的计算机以后，IBM再想争夺用户就会变得困难重重，因为这里面存在着较高的转换成本，比如上手熟练度、软硬件适配等。为此，IBM制定了"快局次席战略"：用最快的速度进入市场，以追求更高的市场占有率为原则，避免潜在用户被苹果抢走。

1981年8月12日，IBM推出了世界上第一台IBM计算机，该款产品的问世轰动全世界。当时一部分人已经意识到计算机在未来生活中的重要性，自然也产生了强烈的购买欲望。

IBM的这台计算机采用了主频为8MHz的英特尔8088处理器，操作系统是微软的MS-DOS，而IBM将该款计算机命名为"Personal Computer（个人电脑）"，后来它的英文缩写"PC"就成为一个固定词汇。这款计算机进入市场以后，IBM预估其年销售量为24万台左右，然而，仅一个月就完成了这个目标，几个月以后，IBM的PC销量超过了当时风头正盛的苹果电脑。

1983年1月3日，《时代》周刊将"个人电脑"列为"年度风云人物"，配图正是IBM的PC，这是一个破天荒的举动，也从侧面证明了PC在世界范围内的影响力。毫无疑问，20世纪80年代就是IBM大杀四方的时代，也是它和苹果展开生死博弈的重要阶段。此时的IBM需要大量的经营管理人才，而库克则是被选中的幸运之子。

事实上，库克早在大学念书期间就被IBM"盯上"了，当时IBM发现了这个性格沉稳、做事谨慎的人才，于是对其发出了邀请，这对于一个尚在象牙塔的青年来说是难得的机会。于是，库克毕业后顺利进入IBM，一干就是整整12年：从1983年到1994年。有意思的是，当时他的竞争对手正是苹果。

库克在IBM任职期间，主要负责PC部门在北美地区和拉丁美洲地区的制造和分销工作。IBM的PC在市场上火爆大卖时，库克不仅是见证者更是推动者，正是他出色的营销能力让IBM的PC销量节节攀升。到了1985年，IBM的PC销量累计超过了100万台，IBM的PC事业部成为年度收入45亿美元的超级部门，员工数量过万。

和后来加入苹果时不同，库克进入IBM时正是企业的上升期，这主要得益于IBM正确的市场战略和产品战略。当时只要有IBM的PC被生产出来，就不用考虑能否卖得出去的问题，因为IBM的PC结实耐用且价格不贵，在用户心目中的认可度相当之高，IBM因此牢牢把握着行业话语权。

之前IBM主要面向的是企业客户，盈利方式也是以IBM系统的推销和租赁为主，仅凭这个渠道就给公司带来了巨大的收益。当时，客户需要接受IBM的软硬件套装策略——软硬件和服务合约同步，这才能真正享有IBM系统和服务的权利。在相当长的一段时间内，IBM不需要做任何广告就会有大批的客户找上门来。然而，随着时间的推移和形势的变化，IBM风光的时代也开始走向了尾声，当时有越来越多的强力竞争者进入市场，IBM要面对的不再是苹果这一个对手。与此同时，IBM自身存在的隐患也逐渐暴露出来，而这一切都没有逃过库克的眼睛。

那么，库克发现了什么呢？答案是品牌知名度。听起来似乎有些可笑，但实际上当年的PC市场仍然有着很大的发展空间，对于了解计算机的人来说，IBM知名度很高，但对于那些潜在用户来说，IBM仅仅是若干品牌中的一个，其知名度随着竞争产品的不断涌入正在被慢慢稀释。因此，库克提议要为IBM打广告，让更多的人了解并认可IBM。

如果换成是其他人，这个建议大概率不会被通过，毕竟IBM的销量摆在那里。在某些高层眼里，做广告无异于浪费资金。但库克毕竟是一个举足轻重的人物，他的提议得到了IBM的采纳，他们开始加大广告宣传力度。如此一来，库克管理的北美和拉美地区的分销越来越有声有色。然而，谁都想不到的是，库克在IBM干得顺风顺水之际竟然选择了离开，这个举动和他后来加入苹果简直如出一辙。

库克为何要离开IBM，他并没有对这个问题正面做出回答，但可以肯定的是，那时的他已经敏锐地发现了IBM正在走下坡路，而它的竞争对手也越来越强悍。事实果真如此，2005年，IBM将曾经不可一世的PC业务卖给了联想，库克很幸运地在见证这个心酸时刻之前就抽身离开了。

1994年，库克离开IBM以后进入了一家名为"IE"的智能电子公司，担任计算机经销商事业部首席运营官。第一年他的薪资待遇很高：基本工资25万美元外加67500美元的奖金以及10万股股票。因此不少人认为库克离开IBM是因为IE开出了高价码。可惜的是，这家企业比较短命，在遭受多起诉讼之后于1997年被出售给通用电气公司，而库克几经辗转进入了康柏。

康柏成立于1982年2月，是一家专门生产计算机的公司，论历史它无法和IBM相比，却在当时有着旺盛的生命力。1984年，康柏的年收入高达1.112亿美元，创造了美国的商业纪录，在第二年又增长到3.29亿美元，再次打破纪录。这个恐怖的破纪录速度似乎停不下来，康柏在1986年的年收入达到了惊人的5.039亿美元，PC销售量达到50万台，成功进入世界财富500强行列。

从1997年到1998年，康柏进入了高速发展阶段，自然也面临着加强原料采购和存货管理的需要。由于康柏此前是IE的供应商之一，他们很赏识库克的专业能力，因此对他抛出了橄榄枝。

进入康柏以后，库克担任了负责物料管理的副总裁。他在康柏仅仅任职半年时间，但做出的贡献并不小，最突出的就是帮助康柏过渡到按订单生产的制造模式，这种模式被康柏称为"优化配送模式"。之前，康柏是想生产多少就生产多少，结果导致大量货物积压，采用新的制造模式后，就按照预测需求来生产，自然就有了灵活性，并节约了大量成本，后来这个模式也被竞争对手戴尔效仿。

命运总是充满戏剧色彩，库克在康柏积累的存货管理能力和开创的优化配送模式被乔布斯看中，让库克在日后进入苹果时有了用武之地。从某种意义上讲，IBM和康柏在为苹果培养一位管理大师。由此可见，在竞争残酷的红海市场，企业之间的力量往往是此消彼长的，但背后操纵它们的人却在不断精进成长，这些顶尖人才可能从一个阵营流动到另一个阵营，他们的履历表中可能撰写着一个个企业的起落沉浮，但他们的存在让整个市场保持着一种总体的平衡：有昔日的王者落幕，也有未来的强人登场。

03
病体与抗争

在库克离开康柏之后,康柏也宿命般地进入日薄西山的时代,最终带着昔日的荣光消失在IT行业的发展浪潮中。对此,库克不无感触地表示:"如果在当初的思想斗争中,我的直觉输给了我的左脑,那么我根本不知道现在我会在什么地方。"没错,彼时的库克身在苹果,正准备大展拳脚干一番事业,可就在这时,一个噩耗传来:他被医生诊断为多发性硬化症。

这一年是1996年,库克36岁,当时他还在IE任职。

多发性硬化症是一种脱髓鞘疾病,患者会因为人体神经细胞轴突最外面的薄膜脱落导致神经功能出现严重问题,表现为完全失去知觉或者持续地感到疼痛,以及下半身瘫痪、半身不遂或者四肢瘫痪等症状。对于多发性硬化症,现代医学也无能为力,甚至没有得出统一的病因定论,目前只能推测是由于遗传因素引起的。

面对如此难以根治且容易复发的顽疾,库克如遭晴天霹雳。他正值壮年,正准备带着苹果走向成功的未来。而且,这种可怕的疾病并不会一下子击倒他,而是会慢慢地将他变成一个废人,而他对此毫无办法。

如果说"出师未捷身先死"是让人惋惜的悲壮,那么库克的"出师初捷身将死"则是让人意难平的不甘了。看着医生的诊断书,库克在无限低落的情绪中熬过了一段行尸走肉般的日子。他的脑海中不再生成任何计划，因为这个计划可能很快会失去它的执行者；他的心中也不再迸发激情，因为这些激情可能会随着肉体的消亡而瞬间弥散。

如果苹果的两位掌门人都因为病魔而被迫离开他们的舞台，这恐怕是上天安排给苹果最糟糕的剧本，幸好，这个剧本只演了一半。

在一次复查中，医生告诉库克，之前的多发性硬化症是误诊，他仍然是一个健康人。当库克听到这个消息后，心中的阴霾顿时散去，他和亲人、朋友们都松了一口气。

经历了误诊风波的库克，变成了另外一个人，虽然他的身体依旧健康，但他的心态因为这段特殊的经历发生了转变。从此以后，库克不管是看待人还是处理事都变得更加理性和宽容，他的人生格局也变得更为练达和沉稳。即使只是虚惊一场，他如今再看人生也有了不一样的感受。

值得一提的是，虽然库克的多发性硬化症是被误诊，但他也因此成了一位"病友"，他了解了罹患该种病症的人要经历怎样的伤痛与折磨，于是他开始向治疗此疾病的相关组织捐款。除此之外，库克对其他疾病的医学研究也十分关注。2015年，库克为脑性瘫痪基金会拍摄了一段公益视频，以此来号召人们对患脑瘫病人群的重视。在库克看来，作为一家大型企业，苹果自然要承担更重的社会责任。

除此之外，库克对自身的健康状况也更加重视，他不再把全部精力放在工作上，只要有闲暇时间就会参加骑行运动，锻炼自己的反应能力和肌肉力量。实际上，库克在进入苹果之后，大部分时间都用在工作上，每天早来晚走，还要在世界各地飞来飞去。经历这场风波之后，库克意识到要通过强身健体来把病魔阻挡在门外，于是他从工作狂人变成了运动达人。他每天早早起床，有时候甚至凌晨四点半就起床，而五点钟他就已经在健身房挥汗如雨地锻炼了，难怪媒体将其称作"健身房的老鼠"。

经过持之以恒的锻炼，库克的身体素质得到了显著的提高，他从来不会因为高强度的工作而被压垮，无论压力多大他都能保持精力充沛的状态。库克出现在公共场合时，健美挺拔的身姿不仅为他的个人形象加分，也为苹果的企业形象增加了光环。

库克对有氧运动和无氧运动都很喜欢，比如徒步运动。只要有大段的空闲时间，库克就会去加利福尼亚州的优胜美地国家公园来一次说走就走的远足，也可能去其他知名的山地进行一次动人心魄的长途跋涉。总之，库克不是在工作，就是在运动。

在众多运动项目之中，库克最为钟爱的是骑行。对他来说，骑行能让自己体验到自由自在的感觉，同时还能充分享受独处的快乐时光。

库克以这种积极生活、不惧挫折的态度工作和生活着，他的乐观向上感染着身边的每一个人，而这种阳光的心态也让他获得更多人的尊重并追随他，甚至为苹果的发展路径镀上了一层金色的光芒。

1999年，库克在奥本大学的杂志中发表了名为《你可以换个角度看待世界》的文章，其中提到了他对这次误诊的感受："这使得你看世界的眼光都变了。"的确，库克的肉体还是那个健康无恙的肉体，但他的精神经过这场磨难的淬炼变得更加坚不可摧，而这种勃发向上的斗志也注定会影响苹果的未来。

04
走出禁忌区

2014年10月30日，在《彭博商业周刊》采访库克时，他正式宣布"出柜"。

其实早在库克自爆之前，一些媒体就已经通过各种渠道猜到了库克是同性恋。原因在于，库克长期保持单身状态，没有人见过他和任何女性有亲密接触，于是美国的一些媒体就开始把"gay"这个标签贴在了他身上，著名的同性恋杂志《Out—》甚至把库克排进了"最具影响力的男同性恋人物"中。不过，库克对于外界的猜测一直没有做出正面的回应。

在少年时代，库克就已经正视了自己的性取向，他从来不觉得这是羞耻的，只是碍于当时的社会环境，就只能装作一个"正常人"的样子，而在进入事业发展期以后，因为要忙于工作，自然无暇顾及个人事务。但是，库克从来没有回避这个问题，所以当他在苹果站稳住脚跟以后，终于鼓起勇气公开承认自己是同性恋。

事实上，库克的"出柜"并不是为了酿造一个大新闻，从某种程度上讲是他身不由己。在性取向这个问题上，库克的态度是"不否认也不想公开承认"。作为苹果的领导者，他其实还是想为自己保留最基本的隐私。但后来他逐渐意识到，对这个隐私的"遮掩"将会阻碍他做一些更重要的事情，比如声援其他同性恋者。

2014年10月7日，美国爱达荷州和内华达州加入承认同性恋婚姻的州的行列，然而库克的老家亚拉巴马州却不在其列，这引起了库克的强烈不满，他在"出柜"宣言发出的前几天的演讲中就批评了亚拉巴马州对同性恋缺乏保障："亚拉巴马公民仍然会因为性取向被解雇。"

库克不仅在言论上予以支持，在行动上也紧随其后。库克在2013年12月奥本大学举行的同性恋权益和反种族歧视活动中发表了演讲，在2014年6月的"旧金山同性恋骄傲节"游行活动中，他带领约4000员工现身，为同性恋者维权。

作为同性恋者，库克对社会上的边缘群体有着深刻的认识，同性恋的身份为他提供了一个观察世界的新视角，让他足够了解了少数群体承受的压力，所以他变得更加善解人意，每当自己面对挫折时总会想方设法鼓励自己，而这正是身为苹果CEO的必备技能。

在美国社会，婚姻平等自由的观念由来已久，相比于其他国家和地区，对性取向也有着较高的包容度，以至于有越来越多的公众人物站出来宣布"出柜"。然而即便如此，仍然有一些州对同性恋存在歧视行为，也不是每个美国人都能接受，比如，在有些州，老板可以随意开除同性恋员工，房东也有权利驱逐同性恋租客等等，甚至还有同性恋者不能继承伴侣遗产的规定。

出柜对库克而言是一个艰难的决定，但从结果来看并没有很糟，库克说："多年来，我向许多人公开了我的性取向。苹果的许多同事也知道我是一个同性恋者，但他们对待我的态度没有什么不同。"而库克之所以放弃康柏转投苹果，也是因为这里具备了其他公司少有的特质：热衷于创造、迷恋于创新、能够接受人和人之间差异的地方。对库克而言，他不想因为性取向被限制，他也不想背负过于沉重的伦理审判，而苹果是能够给予他这种安全感的地方。

从另一个角度看，库克的出柜也表示他在释放一种情感，一种从乔布斯的强大光环下走出来的自信，也代表着苹果正在进入一个全新的转型时代，试图让人们不要将乔布斯当成唯一的、属于苹果的象征，至少要将库克这个名字一同铭记。

同性恋者的特殊身份，让库克获得了一种"中性化"的人格标签，也符合他低调温和的日常作风，无论是管理层、合作方、员工还是用户，会对库克的这一特殊身份产生新的认知：不强势又不失威严，不张扬又不缺乏个性。这样一来，苹果在未来的变化形态会更加丰富，可以分化出更多产品线，甚至某一天也可能走亲民路线，这一点是乔布斯难以做到的。

05
成为"二号人物"

为何库克能成为苹果的"二号人物"呢?仅仅因为他在销售和库存管理方面的才能吗?如果按照这个标准,乔布斯似乎有着更多的选择。在回答这个问题之前,首先要解答的是为何苹果如此优秀且与众不同。

苹果独特和强大的核心就是它的企业文化。优秀的企业文化,自然能创造最良好的企业环境,它虽然在表面上难以捕捉,却能在暗中慢慢汇聚起一股坚不可摧的力量,推动一家企业快速、稳定地成长,同时还能让企业的资源配置最优化,从而在市场上具有强大的竞争力。苹果公司的管理者和员工,内心都会被企业文化所渗透,由此转化为他们的力量之源。

当年库克在康柏和苹果之间做出选择时,他就坚定地表示:自己之所以不顾他人的意见而加入苹果,其中一个重要原因就是他欣赏并认同苹果的企业文化,他认为只有在这样一家企业中,自己的能力才能得到发挥。

那么苹果的企业文化特征是什么?这其实和创始人乔布斯的个性有关,那就是强悍。这种强悍不是狭义上的"强势、彪悍",而是不惧世俗和传统的一种"孤勇者"心态:外面流行什么不重要,我能创造什么才重要;反对的声音有多大不重要,我对自我的认可才最重要。没错,乔布斯就是这样的人,他虽然自负,但这种自负是建立在无与伦比的创造力和无处不在的控制力上,他有决心向所有强大的对手发出挑战,也有信心赢得最终的胜利。

库克的确为人平和低调，但这并不意味着他是一个怯懦的人，这一点和乔布斯很像。而他身为乔布斯左膀右臂时的"顺从"也并非缺乏主见，而是发自内心对苹果企业文化的认同，所以他才坚定地支持乔布斯的大部分决策。

相反，乔布斯选择库克，也并非因为他是听话的"乖宝宝"，也不仅仅是因为他的营销管理才能，而是他能感受到库克对苹果企业文化的认同，正是这种认同才让库克和乔布斯之间产生了一种强大的黏合力和凝聚力。

现在，这个"二号人物"已经得到了乔布斯的认可，而命运也注定让库克成为苹果掌门人的预备役，这个意外加速了库克与苹果双向奔赴的过程。

在乔布斯意识到自己时日无多之际，他自然会认真考虑谁来接替自己的问题。库克当然是不二人选，但仅仅将他列入候补名单是不够的，乔布斯需要有意识地去扶持这个未来的接班人，于是两个人就套用了"投手"和"捕手"的身份设定。

"投手"和"捕手"是棒球比赛中的两种球员。投手是比赛中防守方负责投球给进攻方击球员击打的球员，一般被认为是决定比赛胜败的关键人物。投手的特点是，只要不违反规则，就可以采用任何一种姿势来投球。捕手是比赛中负责接到对面击球手击打的球或是截击对方想要获得本垒打的球员。

乔布斯和库克，一个是投手，另一个就是捕手。乔布斯掌控着苹果生死存亡的命脉，所以是主导胜负的灵魂人物，只有他产出创意、做出决策，才能向竞争对手发出致命一击；而库克则是捕手，他需要冷静地观察市场动向，需要对企业的运营状态了然于心，这样才能将市场和对手反馈回来的"球"稳稳地接住。

作为苹果的一号人物，乔布斯无论在产品设计还是技术创新方面都有着过人之处，这种独一无二的才华也让他形成了强悍的作风。他曾经被扫地出门，这段不堪回首的过去也一度让他反思自己：单凭一己之力是不能让苹果走向成功的，他虽然可以把球投到最远处和最致命处，但必须有人辅助他防御接下来的攻击，否则他可能会被来自外部和内部的力量击败。

一号人物的需求恰恰就是二号人物存在的理由。库克对于乔布斯来说既是一个辅助者，又是一个协调者。乔布斯深知，苹果想要在创新中发展，自身的组织结构、规章制度就不可能一成不变。所以他在回归苹果后立即进行了大刀阔斧的改革，而帮助他从中协调的人正是库克——这就是捕手的兜底作用。

尽管库克身为二号人物，但他始终清楚自己的定位，他对乔布斯的尊重和敬仰始终如一，如果没有意外，他甚至可以一直后退到乔布斯的光环之外，成为幕后英雄——这既是他的初心，也是他的底线。正因为库克对自身的准确定位，所以外界对他知之甚少，直到2004年7月他出任临时CEO时，人们才知道了"蒂姆·库克"这个名字。

如果乔布斯没有离开，相信他会和库克继续保持着"投手和捕手"的关系，一起守护着苹果抵达成功的彼岸。然而世事无常，2008年初，乔布斯的病情恶化，苹果不得不认真考虑接班人的问题了。在3月的一次股东会议上，领导层对是否让库克出任下一任CEO展开了讨论。反对库克的声音很多，高层中有不少人都觉得自己才是接任CEO的人选。

单纯论资历，库克确实不能和苹果中的元老们相比，而他的低调作风也让很多员工不了解他。于是有人对库克的能力提出了质疑，认为他不具备出任CEO的资格。但是乔布斯始终没有给出第二个候选人的名字。当2009年乔布斯再次因为病重而无法出席开发者会议时，那些反对库克的人也意识到了，库克就是被乔布斯决意选定的接班人，他并不是在征求大家的意见，而是早已做了决定。

库克的个性让他厌倦这种内部争斗，但也没有被扰乱工作节奏，不管苹果内部对他有何种声音，他最关心的还是自己的工作。在代替乔布斯出席一些会议和活动时，库克的发言滴水不漏，从没有让人抓住把柄，他也从来不谈职责以外的话题，更不讲任何空话和狂妄之语。当有人在私下场合谈论库克的继任者身份时，库克则表示："没有人能取代他（乔布斯），所有人都要接受这个现实。"这番话显然不是虚伪之词，库克心里就是这样想的，因为此时的他铭记自己的"捕手"身份。

然而在运动场上，捕手和投手的身份并不会一成不变，总有优秀的捕手会变身为投手，也有投手因为伤病离开赛场，正如乔布斯和库克。

有人把苹果称为"乔布斯王国"，实际上了解苹果的人都知道，真正推动这个庞大帝国运转的人是库克，他这个"二号人物"赋予了苹果强大的内在支撑力。如果说乔布斯为苹果缔造了独特的灵魂和华美的躯壳，那么库克为苹果设计了坚实的骨架，这就是他们伟大而微妙的合作关系。

Chapter 3

别人的闪光灯，
他的质疑声

01
正式"登基"

2009年初,人们通过媒体得知一条坏消息:乔布斯的病情恶化了。万千"果粉"都为"乔帮主"的健康捏了一把汗。然而在1月5日,乔布斯发表了一篇公开信,信中表示自己没什么大碍,只是一些荷尔蒙失调的问题让他体重大减,在养病期间他依然会坚守在CEO的岗位上。显然,这是乔布斯为了安慰大家而说的善意谎言,是乔布斯为了让那些一直关注和支持他的人不再为他牵肠挂肚。

善意的谎言终究无法改变事实,就在大家期待着乔布斯能病体痊愈之际,乔布斯在发表公开信后的第10天,再次将CEO的位置让给了库克,同时发了一个请假条:"我个人的健康问题让我与我的家人以及苹果的董事会成员们都无比牵挂,这也影响了他们投入在工作上的精力。在过去的一周里,我意识到我的健康问题比我一开始想象的要复杂得多。为了不让大家牵挂我的个人健康问题,为了让公司的要员们能够将精力更多地集中在市场和业务上,我只得申请休病假。"

虽然这不是乔布斯第一次请假,但人们的忧虑更深了,毕竟种种迹象表明,乔布斯的身体每况愈下,不要说肩负起CEO的责任了,可能连基本的日常活动都难以维持。不过,抛开对乔布斯个人的关注不谈,此时的苹果已经如日中天,在2008年的《财富》杂志对企业的排名中位列第一,拥有了数不清的忠实拥趸。而正因为如此,这个行业巨头的接班人让人们倍加关注。

库克这次出任临时CEO长达半年，他所经历的也比上一次要多。他先后出席了两次业绩发布会，以代理CEO的身份向股东公开企业的经营状况，他一自信满满的样子让人们记忆深刻。不少人发现，此时的库克变得和往日不同，他不再表现出那种近乎怯懦的低调，而是增添了新的王者气场，甚至某些措辞也变得犀利起来，特别是针对苹果的不实传闻予以了坚决回击，比如针对"苹果开发上网本"这则谣言，库克表示苹果不会开发类似的垃圾产品。

此时的库克变得越来越像一个货真价实的CEO，而不是乔布斯的影子，他就是库克，世界上独一无二的存在。当然，库克的突然强势并非无脑的个人表演秀，在涉及自己不熟悉的领域时，他依然保持清醒。比如在介绍iPhone 3GS时，他将介绍工作交给了负责市场营销的副总裁菲利普·席勒。由此可见，库克十分在意自己的公众形象，他不允许自己变成口无遮拦、不懂装懂的自负之辈，他要竭尽全力维护自己和苹果的口碑。

显然，此时的库克处于矛盾之中：他再次站到了权力巅峰，但又不得不面对人们高呼乔布斯回来的声音，唯有谨慎，才能让他避免被恶意中伤。

在库克执掌苹果的半年里，苹果的业绩在稳定中有所上升，第一季度的总销售额达到了81.7亿美元，同比增长9%。在刚经历过金融危机的2009年，这个成绩确实值得炫耀。总的来说，库克领导苹果在上半年交出了一个超过市场综合水平的成绩，这是不容抹杀的功勋，完全配得上外界给予他的"管理天才"和"运营大师"等称号。

在乔布斯缺席的2009年上半年，苹果的经营策略也发生了变化，从过去的"产品革新"变为了"管理革新"，这是库克有意为之的策略。之所以制定这个策略，是因为库克深知产品创新一直是乔布斯的强项，别人无法插手，所以苹果内部早就形成了一条不成文的规矩：除非乔布斯点头,否则任何新产品都不能上架。

iPhone 3GS就是新战略下的产物,虽然被外界批评缺乏创意,但它依然创造了上市三天就销售100万台的佳绩。库克顶着压力继续主导苹果的产品和服务,同时延续了乔布斯时代的风格。但是,谨小慎微如库克也难免犯错,比如新上市不久的苹果地图,因为错误太多而遭受用户吐槽:有些陆地上的建筑竟然被标在了海面上。对此库克也不得不承认:"苹果地图当中有很多瑕疵,而非一处,我们对此进行了修正,并将继续在地图服务上进行投资,因为该服务对于苹果来说非常关键。"如今,苹果地图已经改正了不少,成为一些用户的出行必备。

事实上,库克并非一个保守得不懂创新的人,他一方面遵守"乔布斯开发产品"的规则,另一方面也要为苹果寻找新的盈利点,二者相比之下,显然是后者更重要,而这才是苹果CEO应有的格局和态度。

2011年8月24日,乔布斯正式宣布辞职,至此,那个穿着黑T恤牛仔裤的"乔帮主"离开了人们的视线,一个只属于他的激情、震撼的时代似乎也已经远去。同年10月5日,乔布斯因患胰腺神经内分泌肿瘤病逝,享年56岁。

天妒英才,乔布斯这个对苹果有着巨大贡献的传奇人物,最终因为健康而被迫止步,终结了一个只属于他的辉煌时代。在人们发出无限的悲伤和惋惜之声的同时,库克也从临时CEO晋升为正式CEO,他将以全新的身份对苹果的8位董事会成员全权负责。在库克正式接替乔布斯的CEO职位后,他充满深情和感慨地说:"能为史蒂夫·乔布斯工作13年,是我人生中最大的荣幸。史蒂夫·乔布斯对我来说是最伟大的领导与老师。"

虽然库克对乔布斯始终如一地保持着尊敬,但仍然有一部分人不看好他,甚至对他提出了过于严苛的批评,而库克只能暂时默默忍受,因为想要改变外界对他的看法,只能通过实力来证明。他最不希望的就是别人把他当成一个"吃老底儿"的守成之君,他为此憋着一口气,找寻机会来证明自己。

在没有成为正式的CEO前,库克采取了保守低调的领导原则,也就是借助苹果自身存在的品牌优势去超越对手,因为库克意识到有时候防守比进攻更重要,即便是苹果这样体量巨大的企业,如果一着不慎也同样会满盘皆输。当然,这也是库克在有意磨炼自己的领导能力,他像一只盘旋在上空的猎鹰,看似踌躇不定,实际上是在等待一个发出致命突袭的机会。毕竟,库克同样具备乔布斯身上的进取心和攻击性,只不过他看起来更加低调而已,总有一天,他会彻底摆脱昔日的捕手思维,用投手这个新身份发出一个凶狠的、引人注目的投掷,让所有的轻视、质疑和嘲讽瞬间消失,因为他不再是"二号人物",而是苹果的新任掌门人。

02
不拜金的超级富豪

从"二号人物"升级为掌门人,库克改变的不仅仅是他的社会地位,还有财富状况。

2011年8月24日,也就是出任苹果CEO的当天,库克获得了苹果赠予的100万股的限制性股票认股权。所谓限制性股票,通常是上市公司根据事先确定的条件授予激励对象一定数量的本公司股票,被授予股票的人只有在工作年限或业绩目标符合股权激励计划规定条件时,才能将这些限制性股票出售。对此,苹果是这样解释附加条件的:"其中50%将于2016年8月24日给予,剩余50%将于2021年8月24日给予。在股票给予之前,须保持雇佣关系。"

虽然有着客观限制条件,但这对库克来说不算什么,毕竟身为苹果CEO的他似乎没有什么理由辞职。但是,苹果内部不这么认为,从附加条件来看,苹果显然十分重视库克的管理才能,要求他必须为苹果工作到2021年的8月24日才能将这些股票变现,这个限定条件能给予苹果足够的安全感——他们不能没有库克。

从普通人的角度看,库克的确没什么理由离开苹果,但从行业内的角度看,这的确是一个存在变数的事情。要知道,认股权奖励是由苹果董事会决定给予库克的,而当时的董事会主席正是刚刚卸任的乔布斯。也就是说,在乔布斯离世之前,他就已经考虑过库克是否能长期留任苹果的问题了。因为从当时的CEO候选人来看,库克是唯一能够胜任的,乔布斯显然不放心把苹果交给其他人,所以才想尽一切办法防止他离开。

此外还有一个原因是,当年苹果董事会广泛撒网寻找CEO人选的时候,曾经找过猎头公司,这个消息库克不会不知道,那么从他的视角看,自己也并非板上钉钉的继任者,所以给出认股权奖励,也是让库克放心——至少他不会在2021年8月24日之前被扫地出门。当然对库克来说,他倒是从来不担心自己会没有工作,尽管在大众眼中他远不如乔布斯出名,但是在业内他受到了广泛认可。

对于像库克这种不可多得的人才,有眼光的企业总是想收到自己麾下的。连通用汽车这种圈子外的企业也在危急时刻想过要把库克拉过来当救火队员,此外法国雷诺汽车公司的CEO卡洛斯·戈恩以及德事隆集团的CEO路易斯·坎贝尔也都曾打过库克的主意。至于行业内部更是觊觎者甚多,比如戴尔和惠普都曾经有意拉库克入伙。

2010年9月,各大媒体纷纷报道了一则消息:惠普准备把库克挖过去当CEO。当年8月,惠普的前任CEO马克·赫德因为性骚扰事件辞职,这就使得CEO位置一直空缺,惠普内部看中了库克,但库克显然没有答应。不过这一条不实消息导致当时的苹果股价暴跌6%。而在乔布斯辞职时,苹果的股价只跌了5.1%,从这个角度看,库克对苹果的影响力正在逐渐增大。

虽然苹果时刻面临着被挖墙脚的可能,但这也恰好证明了乔布斯选择库克为接班人的正确性。这一点连苹果内部那些质疑库克能力的人也不得不承认,他们现在离不开库克,这个继任者的影响力正在接近乔布斯。

从1997年到2011年的15年间,乔布斯是苹果的掌门人,从2011年至今,库克则是如假包换的新任教主。

如今的库克,不仅迎来了事业生涯的高峰期,也拥有了令人羡慕的财富。2011年的100万股票在当时是什么概念呢?8月24日当天,苹果的股价是376.18美元，按照当时的汇率计算，一股差不多等于2403.64元人民币，而100万股的总价约24亿元人民币。当然，随着时间的推移，股价必然会出现波动，截止到2022年9月29日，苹果的股价是每股142.480美元，比2011年缩水了一半还多，即便如此，这仍然是一笔过亿的巨款。而即便没有认股权，库克的收入也足够高了。

2011年库克成为CEO之后，年收入约5909万美元，其中包含80万美元的年薪和500万美元的现金奖金，以及约5233万美元的股份红利，此外还有90万美元的非股东奖励和其他各种补贴约5.8万美元。2021年，库克的年收入为8.53亿美元，当然这里面不仅包括基本的薪资、各种奖金和补偿等，还有到期兑现的股票奖励。库克的这个收入在2021年度美国高管的收入排行榜中位列第三，仅次于特斯拉的CEO埃隆·马斯克和电动汽车初创公司Rivian Automotive的CEO罗伯特·斯卡林格。

虽然拥有巨额财富，但是库克本人并不看重钱，他几乎没有什么奢侈享乐的行为，金钱只是他才能的最好证明。比如在2001年，库克是苹果公司唯一获得奖金的人，金额为50万美元，而他当时的年薪也才45万美元。在2009年乔布斯病休期间，库克由于工作出色在2010年拿到了500万美元的奖金和当时价值为1700万美元的认股权。2011年，库克出售了37500股的认股权（这些都是那100万限制认股权之外的收益），最终变现约1300万美元。

值得一提的是，2021年2月，苹果又授予了库克333987股限制性股票，这是库克第二次获得股权激励了，苹果这么做是为了挽留库克至少任职到2025年，如果以当天的股票收盘价计算，这笔股权激励价值大约是1.14亿美元。由此可见，库克已经被看成是苹果公司不可或缺的重要存在。

亿万身家的库克确实不太看重金钱对人生的影响，这其实和他的性格有关系。他原本就是一个内敛的人，喜欢安静且不苟言笑，工作之余做的最多的也是运动健身，这种个性让他喜欢独来独往。库克曾经表示，金钱从来都不是他工作的动力。从这一点上看，库克和乔布斯是一类人。乔布斯也不追求享乐。在他们眼中，金钱只不过是他们获得成就的附属品罢了，而成就感本身才是他们追求的。库克一直过着与其身价不匹配的节俭生活，像高尔夫这样的贵族运动对他来说也不过是社交上的需要罢了，远不如一辆自行车对他更有吸引力。

很多人都梦想着成为富豪，过上纸醉金迷的生活，然而对于很多功成名就的人来说，他们更享受的是被人认可、被人尊敬甚至被人模仿的感觉，而库克甚至仅仅看重获得成就的过程，与财富和名气无关。对他来说，他崇尚的是符合自己需要的平淡生活，而不是作为一个显赫人物在公众面前展示或者炫耀。

在库克出售了价值超过1亿美元的苹果股票以后，很长一段时间内他都是在租赁的公寓中生活。2010年他购买了一处价值190万美元的房产，虽然对普通人来说这算得上是豪宅，但对库克所属的阶层来说不过是普通住宅而已。当时就有人问库克，为什么要住这种不符合身价的房子，库克的回答是：他想通过这种方式时刻提醒自己来自什么地方，从而让自己保持清醒。

2021年有新闻曝出，库克以1010万美元的价格买下了加州拉昆塔的一栋豪宅。这栋豪宅占地924.94平方米，位于麦迪逊俱乐部，属于美国著名的高档社区，附近聚集着不少名人。虽然这次购买豪宅的行为看起来是库克被"打脸"了，但其实仔细品味一番可以发现，库克购买这栋豪宅的最主要目的还是拓展社交圈子，毕竟身为苹果的CEO，他只有积累更广泛、更牢固的人脉才能掌握更多的信息和资源。

身为富豪的库克无论是住在豪宅还是公寓里，不过体现出他对生活的一种态度，他只是选择了一种符合心境的生活方式。对于金钱本身，库克的态度并没有变，他人生中的绝大部分时间还是用在了工作上。

对库克而言，比成就感和财富更重要的是健康，这才是人生最大的财富。正如一些人所说：企业家到最后拼的都是身体，因为身体代表着事业的续航时间。对比早逝的乔布斯就可知这句话所言非虚。对库克来说，他热衷健身的根源是热爱生命，而热爱生命的表现是热爱事业，既然他要做的是完成乔布斯未竟的事业，将苹果帝国带向一个新的发展阶段，那么他就无暇去享乐，也无意去炫耀，他要做的就是两件事：守成和进取。

03
两代"帮主"的画像

乔布斯的离开一度被崇拜他的人认定为"大神离开了",甚至有人称"乔布斯之后再无苹果"。这些话的确能够从某种角度佐证乔布斯的独一无二以及对苹果的特殊意义,但是站在库克的角度看,这无疑是一种贬低和否定。

由库克亲自操刀的iPhone5最终以失败告终,甚至对整个产业链都造成了不小的负面影响。但是,如果只抓住这一个点不放来评价库克,对他也是不公平的。

在库克成为掌门人的这十几年,苹果的市值从3500亿美元增长到了2.2万亿美元(截止到2022年9月30日),在全球有数十亿的苹果电子产品与用户深度关联,可以称得上是统治了移动互联网,且暂时没有任何衰败的迹象。从这个角度看,库克对苹果的发展功不可没。

人们对某个人的评价总是带有主观色彩,也就是"滤镜效应",这一点在乔布斯身上尤为突出,不少"果粉"甚至非"果粉"都把乔布斯当成是一位艺术家而非企业家,"艺术家"的名头明显比"企业家"更具传奇色彩。倒霉的是,库克正是"平庸"的企业家。

乔布斯的传奇性,在于他的人生很像是一部既励志又动人心魄的剧情电影,有热血沸腾的创业经历,有四面楚歌的江湖恶斗,也有霸气十足的王者归来,十分符合人们对"英雄""大师"的想象。尤其是苹果用户中的年轻群体，他们受限于人生阅历等因素，更喜欢乔布斯这种精彩纷呈的人生履历，把他视为偶像，甚至会幻想自己也能经历类似的人生。

反观库克，他的经历还是过于"平淡"了，当然这种"平淡"是对比乔布斯而言的：他没有经历充满梦想与奋斗的创业史，也没有个性鲜明的外在形象，只有低调的私人生活和温和的行事做派。这些特质在普通人眼中虽然足够优秀，却缺乏激情，不像是一部引人入胜的电影，最多是一篇写得中规中矩的人物专访。

一位苹果的前员工是这样评价乔布斯和库克的："史蒂夫·乔布斯是战争年代的CEO，而蒂姆·库克则受命于和平年代。"没错，乔布斯的"传奇性"就在于绝大多数人不仅难以复制他的经历，甚至连想象都吃力，而库克的人生虽然大部分人也不曾拥有，但至少是可以想象出来的。

和乔布斯相比，除了迥异的性格以外，库克身上也有很多亮点，仅凭这些就不能将他定义为"平庸之辈"。

第一，库克有着超脱世俗的价值观念。

库克对人性充满无限的希望，相信人生来本善，这种认识和精神驱动着他一直奋斗到现在。库克十分尊重个体的价值，而这种对个体的尊重借助库克的社会地位延伸到了苹果公司的企业文化中，形成了对创新精神、个性特征较高的包容性，这种包容性成为创新性的土壤。毕竟在乔布斯离开之后，苹果目前还没有能被绝大多数人认可的顶尖创意人才，因此集体智慧显得更加重要。虽然创意是库克的短板，但他并不刻板和保守，而是能够给予手下放开思想、打开格局的机会，这就是良好价值观的导向作用。

第二，库克具有果断的用人风格。

库克虽然性格温和，但这并不意味着他是一个好说话的人。他成为CEO之后，很快炒掉了斯科特·福斯托尔。此人是乔布斯生前最信赖的助手之一，虽然具有一定的个人才能，却喜欢搞办公室政治，经常在苹果内部制造分裂，最要命的是他常常推卸责任，比如在苹果地图和Siri语音助手两大产品出现问题时拒绝负责。这是库克所不能容忍的，于是他果断将福斯托尔开除，随后开始了声势浩大的招聘活动，吸纳了不少行业精英，比如时尚品牌伊夫·圣·罗兰前CEO保罗·丹尼夫等。正是有了这次大换血，库克才能稳定军心去研发智能穿戴设备。

第三，库克对用户更加重视。

乔布斯是天才，但天才往往很自信甚至自负，他有一句名言："顾客不知道自己想要什么。"单从这一句话看似乎没什么问题，但如果你听到乔布斯说"7英寸的平板电脑十分鸡肋"这种话时，你可能会皱起眉头，而如果你想起乔布斯说的"3.5英寸是最适合人类的屏幕大小"这句话时，估计只能无奈地笑笑了。事实上，这就是乔布斯的自负带来的负面影响，虽然他的创新直觉大部分时候是正确的，但他也会犯错，更糟糕的是他一旦犯了错就很难被纠正，因为没有人可以说服他。

相比之下，库克就很看重用户的需求。曾经有人戏言，如果乔布斯还活着，苹果会不会一直都是3.5英寸的屏幕。这个假设无法找到答案，但我们能确定的是库克不会这么干，正是在他的力主下，苹果推出了大屏手机iPhone 6和7英寸的iPad mini。事实证明，用户真的需要这些产品。对比乔布斯，库克的明智之处在于：他明白用户有时候真的不知道自己需要什么，但绝不能逼着用户去接受什么。

第四，库克能够在竞争中做出正确选择。

天才与凡人竞争，往往依靠的是过人的天赋，但是"平庸"的企业家与人竞争，就得靠符合市场规律的商业直觉，在这一点上，库克明显比乔布斯更具有"市场感"。在乔布斯时代，苹果看重的是产品策略而非营销策略，因为乔布斯坚信"酒香不怕巷子深"，而库克却认为再优秀的产品也需要出色的营销策略。在对待中国市场时，库克投入了大量的关注和营销努力，后来证明这些投入是正确的。以2022年5月iPhone在中国的销量来看，中国市场销量已占苹果总销量的20%。虽然这个占比有时候会下跌，但如果失去这个市场，苹果显然会遭受很大的损失，而且这还会让中国本土手机品牌冲击高端市场，有可能出现强大的竞争对手。

第五，库克更受投资者喜欢。

一家企业能否拉来投资，不仅要看企业自身的表现，还要看CEO的人格魅力。乔布斯掌舵苹果时，对拉拢投资者并不怎么上心，在他看来，这是一种降低身份的行为，毕竟天才总有些狂傲的气质。但是库克不同，他很热衷于接见形形色色的投资人，也能慷慨地给股东分红，鼓励他们继续与苹果合作。亿万富翁卡尔·伊坎购买大量苹果的股票就是信任库克的表现。

库克和乔布斯有很多不同之处，以上只是列举了突出的五点。本来这种差异无关对错，只是因为乔布斯的传奇色彩更加浓烈，而且有先入为主的印象优势，人们就会不自觉地拿库克的缺点去和乔布斯的优点相比，这本身是不公平的，毕竟续写神话比创造神话要难。

苹果的前员工对库克时代的苹果是这样评价的："苹果不再像以前那样疯狂了，也不像以前那样苛刻了，它正朝着积极的方向发展。"

对库克来说，他一方面确实在意公众对自己的评价，所以总是要体现出自己优势和独特的一面；另一方面他又没那么在乎，因为在他心中，乔布斯的确是一个超过他的艺术大师，他本来也没有想击败这位大师，相反，他要做的是完成这位大师的遗志，而这才是两个人最大的共同点：他们都深爱着苹果。

04
简单且强势

如果用一个词来形容库克,那就是"简单",如果还需要一个词,那就是"强势"。

库克的简单,不仅体现在他个性的简单,而且体现在一种思维和态度上的"单细胞",也就是说,他对待工作的态度是敢打敢拼,一旦投入进去就会忘掉一切。

在公司里,库克是早来晚走的工作狂,别人连续工作几个小时后都会身心俱疲,但是库克却精神抖擞地对大家说:"让我们继续讨论下一个话题吧。"在他眼里,有工作就马上去做,不需要权衡利弊,工作已经嵌入他的生命之中。库克经常凌晨四点半就起床收发电子邮件,这个习惯一直保持了多年,为此苹果的海外分公司负责人也要在同一个时间点起床。

有一年,苹果在纽约召开 Mac World 大会,库克见缝插针地组织召开了一次职员会议。因为会议是临时决定的,与会人员都觉得会议很快就能结束,所以都买了晚上棒球比赛的门票。出人意料的是,库克精神焕发地讲了几个小时,不断提出各种问题,最终所有人都不得不和棒球比赛说拜拜。

换成其他人,这种开会上瘾的形象或许带有负面色彩,因为的确有些企业的管理者喜欢在会上说一些假大空的话,所以每次开会冗长又毫无意义。然而库克并非如此,他开会时提出的问题都是经过深思熟虑的,是对企业未来发展有积极意义的,因此具有一定难度,如果不经过认真准备和仔细思考地回答就会十分尴尬。更糟糕的是,库克还有一个习惯:一旦你在10个问题中答错了一个,那么下次他会对你提出至少20个问题。

从另一个角度看,库克这种"迫害"员工的行为,依然是源于他对工作至真至简的态度:我们既然要把工作干好,就要查找出所有存在的缺点和隐患,我提出一个,你解答一个,多多益善,这样就能让企业逐渐消除短板。当然,这种简单的思维逻辑也容易让人苦不堪言,毕竟不是所有人都具有库克这种精力,但从库克的角度看,不能像他这样以至简态度对待工作的人,自然也不会对企业做出多大的贡献。

库克的"简单思维"有时候真的让人难以招架。1998年,库克在一次会议上提到了中国市场存在的问题,认为在营销和宣传方面做得不够好,有可能会丢失这个市场。会议持续了半个小时之后,库克突然看向坐在旁边的秘书,秘书这才恍然大悟,立即为库克购买了飞往北京的机票。

发现中国市场存在经营漏洞,最简单的办法就是去实地考察——这种化繁为简的工作方法简单粗暴,也的确有效。正是在库克的重视之下,苹果才能在中国的手机市场一家独大,从2011年卖出1003万部手机增长到了2021年卖出5040万部手机,这还不包括Mac、iPad等其他苹果产品的销量。

为什么库克会用这种"简单思维"来处理问题呢?这和他工程师的出身不无关系。无论在工作还是生活中,库克讲话都不喜欢用华丽的辞藻,而是言简意赅地表达意思,更不会兜圈子,无论好事还是坏事都单刀直入。相比之下,乔布斯的措辞反而会带有一种艺术家的气息,让你听过之后得在脑子里过一遍才能品出个六七分意味。这就是两个人在表达方式上的差别。

以2005年苹果的第四季度报告会为例,乔布斯发言的时候是这样说的:"我很感动,这是苹果历史上业绩最好的一次第四季度业绩情况。这是苹果坚持技术革新理念以及诸位优秀人才共同努力的结果。而最令人兴奋的事情莫过于2006年新产品的开发了。"在这段发言中，乔布斯用"技术革新理念""令人兴奋"等措辞表达了一种对未来的展望，颇有一种商业史诗的感觉。但是库克的发言则是另外一种"画风"："全世界范围内，市场需求非常强烈，已经达到了一个相当庞大的需求量，但目前无法预测这种庞大的市场需求何时才会由于充足的供应而达到饱和。"在这段发言中，没有什么修辞方式，而是听起来干巴巴的商业描述，却能简明扼要地抓住重点。

当然，乔布斯的艺术气息和库克的理性直白并无优劣之分，只是在库克执掌苹果的时代，他的简单思维让公司上下更加务实专注，因为此时的苹果不断遭遇竞争对手的挑战，"诗和远方"可以有，但掌握不好尺度会让人迷失方向。

库克式的简单发言还有另外一个优点，那就是不易被人抓住把柄。常言道"说多错多"，对于一个企业的领导者来说，滔滔不绝的发言中难免会存在疏漏，这很容易被有心之人抓住，所以库克从来不说和主题无关的话，这让他的每一次发言都能做到滴水不漏。在2007年苹果召开的一次业绩发布会上，现场有人一连串提出了很多问题，比如iPhone换电池的问题、iPhone的总销售量以及净利润等，库克是这样回答的："等到6月发售的时候，会发布关于iPhone本身的各种信息，等到下季度召开业绩新闻发布会时，对iPhone的预期业绩会有更多可以发表的内容。"

库克的简单表达有时也是聪明睿智的体现，在2009年的第二季度业绩发布会上，他用"马力不足"来形容上网本产品，甚至还少见地用了"糟糕的软件""垃圾般的硬件"这样听上去有些"粗鄙"的形容词，但这其实不是库克傲慢自大，而是他真的意识到上网本自身的缺陷。后来的事实证明，上网本的确是昙花一现。

如果说库克的简单和他的个性、学历、阅历相关，那么他的强势恰恰是脱胎于他的简单：因为目的明确、手段粗暴，所以态度必须强势。

在谈到苹果公司的企业文化时，乔布斯曾说"我们要做一个海盗"。这是一句听起来很俏皮甚至带有几分痞气的话，对此库克也是绝对支持的。当然他在工作中不像乔布斯那样把强势写在脸上，而是在沟通中让你无地自容，比如他会尖锐地指出员工身上的错误，迫使你不得不立即改正。

有时候，库克的强势会通过"毒舌"的方式体现出来。在2011年1月18日的业绩发布会上，有人让库克评价一下对手公司的平板电脑，库克冷冰冰地回答："太大太重太贵，电池寿命太短，而且怎么连专用的触摸笔都没有。"这口气很像是一个憋着怒气的消费者，丝毫不给竞争对手面子，然而这和2009年第二季度业绩发布会上的言论相比只能算很温和了。当时，有记者问库克iPhone被抄袭的问题，库克是这样回答记者的："我们把这个业务看作是一个软件平台的业务。我们正在创造一片森林，并且也欢迎在不盗窃我们知识产权的底线之内竞争。如果有人要盗用我们的专利，无论是谁，我们都将对其赶尽杀绝。"

"赶尽杀绝"这个词在任何语言中都具有强大的冲击力，表明了在涉及原则问题时，库克被乔布斯注入的"海盗基因"觉醒了，此时的他不再是那个温和寡言的领导者，而是一个充满斗志和杀意的掌门人，他会和与苹果作对的任何人、任何势力斗争到底。

这就是库克，一个讲话中很少出现高潮的人，却会在你昏昏欲睡之际忽然丢出一句狠话，让你浑身一颤。面对久经沙场的记者，不管多么刁钻的问题，库克都能保持冷静，在言语中透出一股不怒而威的强势。

乔布斯曾说："我们有世上最优秀的人才，他们每天都在互相鞭策以制造出最好的产品。这就是你在这里的墙上看不到任何写着使命宣言的大海报的原因。我们的企业文化非常简单。"从这个角度看，"简单"不仅是库克本人的特质，也是苹果一贯追求的特质，并且在库克身上有放大效应。

　　库克人生欲求的简单,让他的价值观纯粹、世界观清晰、方法论直接,所以他才会谨慎、简明、贴切地发言,从而传递出他的真实态度。不管你是他的部下还是他的对手,他从来不想故作高深,只希望你能在最短的时间内明白他的想法。而这种不绕圈子的表达和处事之道实则暗藏着一种强势和不服就战的竞争态度。这种简单而强势的作风,让苹果在失去乔布斯之后,在强敌环伺的市场中依然屹立不倒。

05
病例速写：追求完美主义

很多企业家身上往往都有两个标签：完美主义者和偏执狂。他们因为对万事万物有完美的要求，所以才变得偏执；而只有偏执的作风才会诞生完美的产品。

在完美和偏执方面，乔布斯和库克基本上属于一类人，当然两个人的思考视角不同：乔布斯是从缔造艺术品的角度追求完美，库克则是从打造商品的角度要求完美，这也形成了苹果公司特有的产品理念和企业文化。

完美主义之于苹果是如同基因一般的存在。库克从乔布斯手中接过接力棒以后，自然要继续贯彻完美主义的理念。尽管他从气质上不具备乔布斯才华横溢的艺术大师之风，但作为一个"产品经理"，库克对完美的追求丝毫不亚于乔布斯。他将工作重心都放在对全局的把控上，而非聚焦于产品设计，因为产品设计是库克的短板，他只有从自己擅长的管理角度出发，才能从整体上沿袭乔布斯的完美主义。

完美对于库克来说从来不是一种任务，也不是他对乔布斯的承诺，而是吸引他加入苹果的因素之一。库克曾经表示，他来苹果工作的原因之一就是喜欢它追求完美的精神，只有在这里工作才能让他获得充实感。当然，苹果的完美主义氛围强化了库克天然的完美主义精神，于是库克便从工程师的视角出发，对美学、哲学和艺术产生了另外一种解读方式：帮助把这些艺术元素有机地与商业思维相结合。

库克对完美主义的认识来源于乔布斯开发麦金塔电脑的故事。当时，乔布斯为了打造一款出色的电脑而举办了静修大会，让核心团队过着与世隔绝的生活，使得当时的工作效率超过了任何一家计算机公司，最终用了两年时间让麦金塔电脑成功问世。很多用户拿到产品后纷纷用"叹为观止"来形容。当库克听说这段故事后是这样评价的："乔布斯对于完美的追求已经深入骨髓了。"

偏执能够为完美主义护航，而偏执的动力则和工作氛围有关。在一个得过且过的工作环境中，任何天才都可能会被抹杀掉创新的积极性。乔布斯为了培养团队的完美主义认识，经常会把大家带到旅游景区放松身心，目的就是释放大家被压抑已久的娱乐需求，然后在这种轻松的状态中激发潜藏的灵感，用娱乐活动来反哺工作。

当然，库克不是乔布斯，作为一个有着丰富管理经验的领导者，他深知人性中的"傲慢"会毁掉过往的成绩，特别是在苹果成为IT产业的领头羊之后，公司从上到下难免会滋生骄傲自大的心理，这就会对完美主义认识产生破坏性影响。为了避免这种情况发生，库克杜绝任何与傲慢相关的言论和行为，他可以在会议上表达出对苹果产品的信心，但不会因此轻视对手，他也会时刻注意激发员工的风险意识。

有些企业纵然拥有大把的人才，却鲜有完美的产品诞生，这并非人才名不符实，而是工作氛围无法激发人才的创造本能，他们长期在单调枯燥的状态中工作，久而久之就失去了创新的激情，自然就不会有完美的产品问世。为此，库克坚定地遵从了乔布斯的"把产品当成艺术品"的设计理念。

站在产品设计和开发的角度看，艺术品和商品的初始定位全然不同，这就从客观上让苹果和竞争对手拉开了距离，毕竟艺术品对用户的感召力要远超过普通商品。尽管库克不是艺术大师，但是他依然把"苹果产品即艺术品"的原则贯彻下去，不仅要让员工知道，也要让竞争对手知道，更要让消费者知道，这才是苹果的核心价值。

当然，完美主义不能只靠打鸡血来完成，它需要从理念、技术、用户反馈等方面入手，尤其是在技术领域，毕竟苹果代表着IT产业的高端水准，技术不到位，就难以实现硬件方面的"完美"。为此，库克展现了出色的耐心和抗压能力，保持着一年或者几年才出一件新品的节奏，哪怕用户催促，哪怕竞争对手挑衅，他都会保持定力，因为技术需要积累，更需要巧妙地注入产品中，才能打造出一件符合艺术品标准的产品。

乔布斯执掌苹果时，永远把产品的完美度放在第一位，从来不会盲目推出一款不成熟的产品，哪怕在商业层面会有所损失也在所不惜，一旦发现产品存在缺点会马上返工。库克也是如此，在他看来，产品只有艺术品和垃圾的区别，苹果必定只能选择前者。如此一来，库克就自然表现出了类似乔布斯的偏执。

其实从本心来看，库克并不完全认同乔布斯的过分偏执，毕竟苹果本质上还是一家上市公司，需要盈利，需要向股东交代。但万事难以两全，为了确保苹果的品牌内涵不丢，库克还是有意无意地效仿着乔布斯的偏执作风。因此，每当苹果有工程样品完工，他都会像乔布斯那样站在用户角度、艺术家的角度提出各种意见，让产品不断趋于完美。

苹果的一位iDVD（苹果研发的轻松制作DVD的软件）设计师曾经说过：iDVD的模板是从世界一流的菜单设计公司的样品中筛选出来的。当时乔布斯让设计师浏览不同的设计方案，最后将大部分的方案驳回，仅存的几个也经过不断完善才让他满意。这种对完美的苛求让苹果的设计师承受着巨大的压力，当他们得知脾气温和的库克接管苹果后松了一口气。然而没过多久他们发现，库克完全继承了乔布斯的作风，对各种产品不断施加压力。在设计MacBook Air笔记本电脑时，库克甚至吹毛求疵地检查了笔记本背面的螺丝钉螺纹和隐藏接口。因为这些地方的设计可能影响用户实际操作的体验，所以他要求设计师必须设计成最不明显的样子，一旦设计师无法达到要求，平时温和礼貌的库克会立即翻脸让对方走人。

或许世界上本没有绝对完美的产品，但一定有追求完美的纯粹精神，乔布斯和库克就是代表，他们竭尽全力让设计师懂得一个道理：没有最好，只有更好。在追求完美主义的道路上，库克不断让员工了解乔布斯的初衷，让苹果从上至下都能继承这种精神，让细节无可挑剔，让竞品无地自容，这便是苹果的生存哲学：不是为了"合格"而存在，而是为了"完美"而存在，在创意上引领潮流，在细节上赢在毫厘。

Chapter 4

管理大师的逆向操作

01
扼住供应链上游

库克成了苹果的掌门人，虽然刚开始外界普遍不看好他，然而仅用了三年的时间，苹果的元老之一埃迪·库就对他赞不绝口："能成为库克团队的一部分，我感到非常自豪，如果他也能得到外界的认可就更棒了，因为他确实是一位非常优秀的CEO。"

库克凭什么在苹果内部得到认可呢？答案是他最擅长的供应链管理能力。

供应链管理是很多美国企业的"种族天赋"，比如以高效物流著称的沃尔玛，库存周期仅为2.5天的麦当劳等等。在普通人看来，一家企业只要发展到足够大的规模就能躺着赚钱了。然而事实并非如此。规模越大的企业，其供应链体系也会越庞大，相应投入的库存成本也越高，稍有不慎就会蒙受巨大损失。这就是很多美国行业巨头狠抓供应链的原因之一。

美国人对供应链管理能力的培养从学校教育就开始了，很多美国大学生都有机会去知名企业实习，或者在学校举办的企业高管讲座中和CEO面对面交流，实现了从理论到实践的全流程学习，因此每个人的头脑中都积累了大量的优秀案例。

库克正是在这种美式实践教育的环境下成长起来的优秀人才。在供职IBM的12年间，他主要负责的就是PC部门在北美和拉美地区的产品分销，由此积累了丰富的经验。后来库克又去了渠道智能电子公司出任电脑分销部门的首席运营官，虽然时间不长但也丰富了阅历。他进入康柏之后，负责的还是库存管理和材料采购，能力进一步提升。

库克的职业经历和他的成长形成了良性闭环：他在供应链管理方面积累的经验越丰富，企业就越能给他机会发挥才干，他的能力也就会愈发突出。在长达十几年的管理实践工作中，库克积累了在制造、分销、库存管理以及财务管理方面的经验，更重要的是，他也由此认识了各行业的精英，收获了无法用金钱来衡量的人脉资源。

像苹果这样庞大的企业，库存管理的意义在某种程度上超过产品设计，这也是在库克到来之前苹果陷于瘫痪的原因之一。而库克刚接手苹果公司的相关工作就发现了一个严重问题：苹果虽然名声在外，但它的供应链系统存在严重弊病，甚至可能变为企业发展的死穴。为此他制定了整改方案：对供应链系统进行"深度清理"。

在库克看来，苹果想要在以买方为主导的市场竞争中生存下来，除了提高产品质量以外，还需要加强在市场管理和运作等方面的技巧，这就必须运用供应链管理的相关知识。所谓供应链管理，指的是在以市场和客户需求为导向的前提下，企业以共赢为原则，通过协调各种关系来提高竞争力和市场占有率，从而获得客户的满意度并赢得最高利润。

供应链管理涉及信息流、物流以及资金流等多方面的规划和控制，不仅是针对苹果内部的管理，还涉及供应商、制造商以及客户，只有把他们组建成一个完整流畅的网络结构，才能形成具有竞争力的战略联盟。库克认为，供应链管理的核心目的是让企业和上下游企业在不同的市场环境下完成库存的完美转移，从而降低库存成本。而打通这些环节的关键就是和供应链上的合作方形成一种战略合作关系，通过快速反应机制降低库存成本。

打个比方，一个在街头卖鸡蛋灌饼的小贩，必然要储备面粉、鸡蛋、葱花等原料和调料，但如果盲目增加储备就可能造成资源浪费，而如果小贩和附近的粮店、菜市场打好招呼，能够在客流增加的突发情况下立即采购到原料，就能减少库存风险，灵活地适应市场变化。这就是库克所说的："把合适的产品在合适的时间以合适的成本送到合适的地方。"

关于供应链管理的本质问题，库克是这样解释的："苹果公司要想优化供应链管理，就要深入供应链的各个增值环节中，并且试图将顾客所需的正确产品在正确的时间，按照正确的数量、正确的质量和正确的状态送到正确的地点，同时还要确保成本最小化。"

苹果为了提高产品的竞争力，每年都会定期更新自身的技术储备，舍得投入巨量资本研发先进技术，从而拉开和竞争对手的差距，为此还不惜代价扶持上游的供应产商，让他们在提高生产工艺的同时降低生产成本，从而推动整条供应链体系升级，实现互利共赢。这就是库克"扼住供应链上游"的实践效果：只有从源头抓住问题，才能推动下游企业的大幅度升级。

为了减少供应链管理遇到的麻烦，库克也在不断对供应链系统进行"瘦身"，其中就包括了库存管理。通常苹果每隔10天就会清理一次库存，那么如何做到如此高效呢？以iPhone手机为例，新产品开售之后，苹果就会实时调查在全球的销售情况，通过购买偏好来判断哪种款式、颜色的iPhone在什么地区受消费者欢迎，然后安排生产新的订单，确保用户都能购买到心仪的手机。这种实时调节订单的销售策略，一方面避免了冷门机型和冷门款式库存的增加，另一方面把主动权从上游夺回并握在自己手中，不必盲目地采购材料。这就像是上文举例的那个卖鸡蛋灌饼的小贩，当他得知第二天有庙会时，就会提前准备好原材料，而不必临时去粮店和菜市场，因为对方很可能会趁机涨价。

其实，很多企业也知道要加强对上游供应商的监督和控制，但大部分企业的做法是安排一两个品控人员驻厂，但面对庞大的生产线和海量的工人，几个人明显无法应对，加上供应商自身的一些暗箱操作，驻厂监督机制很难发挥真正的作用。

库克当然知道驻厂监督的种种困难,所以他让苹果拥有一套独具特色的管理方法:通过各种数据的管理和工作模板,让供应商只要输入相关数据,就可以完成基本的数据收集、分析并很快让结果呈现,既省时省力,也绕开了"人"这个复杂的因素。不过,这并不能说明库克轻视人的重要性,事实上,苹果的驻厂人员也有一套独特的监督大法——目标导向的差异检视法。

简言之,这套方法就是以目标来驱动业务运转,通过数据来建立模型,驱动供应商不断产出绩效。苹果的驻厂人员每天都会检查数据业绩,一旦发现问题就会现场解决或者在规定时间内尽快处置,在必要时可以直接闭环关闭涉及问题的环节,也就是直接做"切割手术",这样就能在可承受的风险区间内快速解决问题。

还有一点不能忽视,那就是苹果对供应商的号召力十分强大,只要发生严重的采购或者运营危机,苹果只需要吹响集结号就能在几天之内调集到最优秀的资源,这都要归功于苹果日积月累的对供应商的"驯化"作用。

库克一面稳抓供应链上游,一面坚定地走自研之路,让苹果拥有更多的谈判底气和更清晰的销售思路,毕竟苹果的合作伙伴多是各领域的佼佼者,没有它们苹果就无法维系正常的生产秩序和出货量,但如果因此受制于人,苹果就注定只能戴着枷锁生存,这是库克无法接受的。

02
态度：不被供应商牵制

供应链是苹果的生命线，而供应商则掌控着其命脉，这种关系十分微妙：供应商需要苹果消化他们的产品和技术，苹果也需要供应商提供产能，但问题也随之而来——如果供应商借此拿捏苹果，那么苹果将处于非常被动的地位。当然，这种微妙关系乔布斯也早早发现了，他的解决方案是建立属于苹果自己的工厂，但这又带来了新的管理难题，所以库克才力劝乔布斯放弃自建工厂。

从1998年进入苹果，库克就一直在为供应链问题日夜操劳，他必须解决和供应商之间的矛盾，让苹果始终处于主动地位，而这个破局的关键就是形成规模化效应。

上一章提到的卖鸡蛋灌饼的小贩，他在面对供应商时自然是没什么议价能力的，因为需求量太小，别人看不上，自然也容易受制于人。但是如果小贩升级为连锁店，在全市范围内具有一定的品牌效应，需求量也庞大且稳定，那么供应商就不得不重视他，因为会有很多竞争对手都盯着这个大客户。

没错，这就是库克掌握主动权的思路。

当然，想要让小贩从路边摊升级为连锁店并非一朝一夕之事，库克深知这一点，他让设计团队和生产商加大投入，苹果也投入巨额资金。这种投资一方面是为了加快产品的设计速度，以便在第一时间内产出让人眼前一亮的原型机、样品机，有了它们，苹果才有拿下市场的底气和谈判的筹码；另一方面，也可以保证将原型机、样品机以最快的速度转化为大规模的生产。

要让供应商相信苹果的实力就要与他们保持足够的接触。为此库克采取了一套独特的方法：设计师和工程师们会耗费几个月的时间采用近距离接触的方式当面与供应商、生产商沟通，绕开线上沟通的麻烦和疏离感，高效沟通。在这种工作流程的引导下，苹果的设计团队可以最快地向供应商表达公司的要求，避免因为沟通滞后、信息不对称等问题造成生产环节的减速。

说服供应商并非易事，需要设计团队拿出王者的气势。比如，苹果在为 MacBook 设计机身的时候采用了一次成型工艺，也就是使用一块完整的铝片来制作，这需要供应商通力配合才行。为此设计师们一面拿着设计图纸向供应商展示设计理念，一面敦促对方提供高质量的原材料和制造工艺，为的就是让 MacBook 一经投入市场就有亮眼的卖点和强大的竞争力。

库克在设计环节向供应商"秀肌肉"，其实就是在不断提醒对方：苹果的设计理念和技术水平都是世界一流的，如果让这些优秀的产品因为原料、制造等问题推迟上市，那么大家都有损失。不过，仅仅展示苹果的设计能力是不够的，有些供应商全心全意与苹果合作，但资金投入上存在问题，这时候库克就会尝试给他们注入持续生产的动力——资金。

库克的策略是，每次苹果需要生产新产品时，都会拿出巨额资金给供应商，一来逼走自己的竞争对手，二来让供应商沉下心为苹果服务，三来苹果的投资缩减了供应商的总体成本。比如在生产 iPad 的时候，由于出货时间缩短，苹果给钻孔厂购买了大量的高端钻孔机来专门为 iPad 生产内壳，这样就解决了制造环节设备不足的问题，同时也让该钻孔厂无法接其他客户的订单，其中就包括苹果的竞争对手。通过这种投资方式，库克成功控制了供应商的生产节奏甚至是合作生态，而因为苹果的投资，也降低了每个零部件的成本。

对供应商来说，谁成为行业巨头并不重要，只要整个行业生态健全，总会有不同的企业过来采购原材料、下生产订单，而这种立场让供应商和下游的厂商关系若即若离。库克深知苹果的生命线就是供应链，他不能让供应商以这种无所谓的态度面对苹果，所以他不断给供应商下订单，让他们的全部产能都为苹果一家公司服务。

iPhone 4投产的时候采用了IPS技术的960×640分辨率屏幕，而当时有生产能力的是夏普和LG，库克就提高订单量，开出了让这两家无法拒绝的价格，基本上耗光了它们的产能，这样做还有一个附加作用，就是让竞争对手HTC、摩托罗拉拿不到足量的屏幕而不得不从其他技术相对落后的供应商那里购买TFT屏幕。最后当这几部手机生产出来之后，iPhone4清晰细腻的显示效果鹤立鸡群。

如果库克盲目培养过多的供应商，就无法让苹果通过规模化效应和竞争对手抢夺上游资源。虽然把筹码押在少量的合作方身上有一定风险，但苹果只有这样做才能确保供应链不出问题。

与供应商保持着密切的合作关系，这只是库克作为苹果掌门人的策略，同时他又不得不去提防这些合作伙伴，这就涉及苹果的保密政策。

一直以来，"新品谍照"是经常登上各大网络平台热搜的词条，主要集中在手机、电脑等数码产品上，而苹果更是深受其害。虽然从营销的角度看，这些"谍照"有利于调动消费者的好奇心和购买欲，但从竞争的角度看，也容易成为被对手后发制人的漏洞。所以，库克一直坚定推行严格的保密措施，其主要防范对象就是供应商。

每当苹果有新产品发布时，苹果自上而下对供应商的控制会提高一个等级，相当于发出了"备战预警"。通常在产品发布的前几周内，所有的供应商都会加班加点地生产数以百万计的零部件乃至成品，而这个环节最容易泄露产品信息。为此，库克会让苹果内部人员在一些包装箱里装上电子监视器，以便公司各部门的员工都能随时了解工厂的生产和运输的状况，可以第一时间查知是否存在泄密现象。

不过，供应商中的确有人绞尽脑汁破坏苹果的保密措施，毕竟这是有利益驱动的，所以苹果有时候也会采取更为"狡猾"的策略：把产品放在土豆包装箱内进行装运，避免在运输途中被供应商偷窥。

实际上，并非只有苹果对供应商如此"见外"地提防，很多科技企业都会做类似的事情，因为如今的市场竞争是多维度的，既有正面战场，也有看不见硝烟的后方战场，稍有不慎就可能输。不过对比下来，还是库克的保密措施做得最好，苹果也成为成功牵制住供应商的王牌企业。

库克平易近人的个性让他更容易换位思考，他不会像乔布斯那样通过粗暴的干预和强大的气场来说服对方，而是去理解供应商的苦衷：扩大生产需要资金，更需要承担风险。库克主动为供应商分担风险，使苹果在供应链上的掌控力越来越强，也让大多数供应商不得不重视和苹果的合作，比如库克曾经为富士康的员工提高待遇，既维护了苹果的品牌形象，也狠狠地打击了竞争对手，确保了供应链的稳定。

2017年上市的iPhone X第一次搭载了由三星提供的OLED屏幕，这种前沿科技让很多竞品难以企及，使iPhone X在2018年的全球出货量达到了恐怖的2.25亿部。但是到了2019年，苹果的OLED屏幕订单未能达到与三星约定的数量，根据协议，苹果还要倒赔三星1.7亿美元。三星这个上游供应商卡住了苹果的脖子，为此库克痛定思痛，开始摆脱对三星的依赖，不断和京东方、LG等厂商接触，甚至出资2亿美元帮助京东方解决有关生产OLED的工程难题——这就是下游倒逼上游技术升级的典型案例。

除了倒逼上游，库克也力主苹果走自研之路，把一部分关键技术牢牢抓在自己手中。在他看来，苹果必须拥有核心技术，而这些技术才是重点中的重点。以手机震动反馈技术为例，苹果早在iPhone 4时代就用了一种叫作"ERM偏心转子电机"的震动马达,而在进入iPhone 6s时代后,苹果又推出了Taptic Engine线性马达,让手机拥有更舒适的震感。

　　库克对供应商的态度来自他强烈的市场危机感,虽然苹果有行业龙头的位置,但回头看当年的IBM和康柏,不也一样跌落神坛吗?库克如此煞费苦心地经营供应链,就是想将苹果的命门都掌握在自己手中,避免类似的命运。库克的这份努力和付出,让苹果的供应链变得结构简单且架构结实,用库克的话说就是:"一家制造商及其订单履约过程越简单,就越灵活高效,也能更具有竞争力地协助公司达到目标。"

03
撒手锏：成本控制

截至2021年底，苹果的市值为2.913万亿美元。如果用"富可敌国"来形容苹果，恐怕没人会觉得不合适，但苹果积累的巨量财富，从某种程度上讲是"省"出来的。这里所说的"省"指的是苹果不断压缩生产成本，却保持着高端产品的价格，自然就获得了更为广阔的利润空间。

库克作为一个管理大师，在成本控制方面无所不用其极，只要他认为是有意义的事情，他必定会将其做到极致而毫不手软。对苹果来说，规模越是庞大，成本控制就显得越重要，因为任何一项开销上节约1%的成本，其总数字都是惊人的。那么，库克是如何做到这一点的呢？

第一，追根溯源——狠抓代工厂日常管理。

对代工厂来说，高质量和低成本是一对矛盾，二者往往不能兼而有之，不过对库克来说，他就是想"全都要"。曾经有记者走访过位于广东的伟创力工厂，这是一家同时为苹果、联想、戴尔等众多知名企业代工的工厂，但是每一家企业对其采取的管理策略不尽相同，而苹果就是那个最让人记忆深刻的。根据工厂的管理人员描述，苹果在质量控制方面抓得非常死，他们会指定原料供应商，避免代工厂采购廉价货，从而保证苹果的产品质量。与此同时，苹果也非常注意成本控制，比如在生产线方案中，别的企业通常只会在意厂方投入多少工人，而苹果却连工作桌上的灯管数量都要关心——两根灯管必须关掉一根，这样就能每月节省至少100

美元。

面对如此苛刻的管理方式,代工厂对苹果没有意见吗?当然没有,因为苹果的订单量巨大,虽然每一单的代工费用并不多,但是总量巨大,所以代工厂要确保苹果这个大客户不丢。

第二,稳住底盘——将存货成本降到最低。

存货管理是企业日常管理中的重要内容,存货虽然代表着资产,但只有出售后企业才会盈利,而当存货积累到一定数量之后,企业就必须进行有效的存货管理来控制成本增加。存货管理具有一定的复杂性,企业必须时刻关注半成品以及原材料的库存数量是否适合,一旦二者的比例关系错位,将会给企业带来巨大损失。打个比方,前面提到的那个卖鸡蛋灌饼的小贩,他购买的鸡蛋和面粉比例严重失衡,鸡蛋多到即使顾客每张饼消耗5个鸡蛋都用不完,这就是搭配比例出了问题。当然,产品越复杂,涉及的比例搭配问题也就越复杂,而库克当年在康柏做的工作就是理顺这些关系。

存货管理能力的高低直接反映在存货周转周期上,比如戴尔的存货周转周期据说只有8天,这就极大地减少了存货成本,让戴尔在PC行业中保持着比平均水准高出几倍的增长速度,迅速地完成资金变现,加快了其市场运营的活性。库克参考了戴尔模式,提出了这样的观点:"存货管理的目标是要最大限度地降低存货投资上的成本,即以最小的成本提供公司生产经营所需的存货。企业应当在两者之间作出权衡,达到最佳结合。"

在加入苹果之后,库克沿用了戴尔模式并针对苹果自身的特点进行了调整,让苹果的存货量始终维持在既能保证生产和销售的经营需求又不会造成严重的积压风险,大大地减少了仓储、报关以及维护等费用。

第三,剑走偏锋——一招出奇制胜。

成本控制并没有固定的计算公式,它可以走"传统路线",也可以走"颠覆路线",也就是说它并没有约定俗成的适用模式,否则人人都是成本控制大师了。所以谁有眼光和魄力，谁就可以兵行险着而出奇制胜。以运输成本为例，通常海运成本是低于空运成本的，所以大宗的货物运输大多走海路，很多企业也都是这样来运输产品的零部件的。然而库克经过对比却发现，海运并不比空运划算，因为这种方式不仅速度慢而且效率低，很容易延长产品制造和销售的周期，于是库克大胆地引入了空运。2001年iPod准备进入市场之前，库克用空运将iPod从中国的工厂送到了用户手中，不仅迅速抢占了市场热度，还沉重地打击了竞争对手。苹果还会买断圣诞购物季期间的几乎所有空运资源，为的就是让新产品在圣诞节期间铺货。换成其他人，可能很难有这种魄力，因为这是一笔天价的运输费用，但库克用天价的投入换来了海量的回报。

库克的成本控制让苹果的市场竞争力显著提升，让很多对手都无法顺利接招。当年诺基亚在和苹果的竞争中，虽然诺基亚手机的售价低于苹果，却在成本控制上做得不好，导致成本高昂，利润空间极其有限，致使诺基亚最后得出了一个近乎绝望的结论：如果要和苹果竞争，控制成本，只能将每个手机的配件成本价格压到最低。最终的结局就是，诺基亚卖出两部Lumia等于苹果卖一部iPhone赚到的钱。这样诺基亚自然无法获胜。

在外界看来，库克的成本控制让苹果几乎"无敌"，每一款产品如iPhone、iPad、Macbook，都采用了极其优质的组装零件，每一件产品都成为无可挑剔的存在，然而背后消耗的成本却低到远超出人们的预期，这就让苹果拥有了超强的竞争能力。虽然苹果的高端产品定价流失了一部分对价格敏感的消费者，但认可苹果产品的用户往往会转化为忠诚度极高的"死忠粉"，库克也顺水推舟地制定了苹果的定价原则——"物美价不廉"。

在这种低成本和高定价共同作用的影响下，苹果拥有了令人艳羡的巨量现金储备，大笔的收益又让苹果不断研发新技术、采购更优质的原料并对供应商进行资金援助，促进苹果的产品一步步走向完美，让竞争对手苦不堪言。

目前苹果的支出项目中主要包含的是销售成本、一般成本和管理成本，三者合在一起被称为"SGA成本"，它几乎每年都呈现下降的趋势，而这就是库克成本控制的重要成果，也是一个容易被外行忽视却被内行重视的变化。在库克看来，成本控制与其他工作同等重要，如果苹果做不好成本管理，就必然产生海量的资金浪费，最终必定会拖垮自身。

库克曾说："降低SGA成本是非常重要的一个环节。苹果从SGA成本中每节省下来1美元，都将会为公司的营业收入增加1美元。对于1000亿的营收而言，1个百分点就是一笔不小的数额。"他正是通过这种细致入微的管理思路进行了出色的成本控制，确保苹果的每一笔花销都能记录在册。从某种角度上看，库克苦心经营的十几年，就是绞尽脑汁帮助苹果省钱的十几年，和其他行业巨头相比，库克的成本管理落到了实处，赚取了真金白银，这足以证明他这位管理大师对苹果的意义。因为有他，苹果才赢得了更广阔的利润空间。

04
简化，再简化

很多人在学习初中生物时，都会接触到一种观点："从水生到陆生，从简单到复杂"，并由此得出一个结论：复杂的东西似乎永远要比简单的高级和强大。然而事实上，生物的进化并不仅仅是奔着"复杂"这个方向去的，而是以适应环境为核心标准，换句话说，如果待在树上就有丰富的食物，古猿根本没必要进化为智人。

生物学如此，企业的生存哲学也大抵如此：相对简单的组织架构既能避免人浮于事、命令传递不畅等弊端，也能建立起快速的反应机制，从而适应各种意外事件。同样，相对简单的产品线也能最大限度地调动和利用资源，从而让企业免受各种意外因素的干扰。

近些年，国外兴起了一股"极简主义"的风潮，它不仅体现在生活上的去繁就简，也被一些企业当作生存和竞争的法宝。当年风靡一时的HTC手机，其走向衰落的原因之一就是建立了过于庞大复杂的产品线，同时期上架太多种机型，多到连销售人员都搞不明白。这种广撒网的复杂模式不仅给生产和管理等环节带来诸多麻烦，而且因为缺少资源的集中调度而失去了诞生拳头产品的机会。

库克作为管理大师，当然明白简化的重要性，因为只有越简单，他才越容易找到解决问题的方案和突破口，于是他把极简主义贯穿到苹果的日常运营、产品设计、营销思路等多个方面，为苹果构建了一座坚固的生存堡垒。

在产品设计上，库克延续并强化了苹果全系产品整洁、简单、有序的特征，第一眼就能抓住消费者，确立了鲜明的品牌形象。当然，这只是极简主义最外显、最基本的应用，真正造福于苹果的还是管理层面的极简主义。

在产品线管理上，库克坚持把有限的资源放在少数的产品上，不求大而全，只求小而精，这样才能保持产品设计的高度专注性，从而确保高度的延续性。产品线的简单清晰，直接减轻了供应链上的压力。

在生产端，由于倡导极简主义，降低了生产成本，而且产品类型少，所需要的零部件就少。这就好比子弹统一口径就能减少后勤的补给压力，同样地，苹果只需要在少数地方协调物流和出货业务就能维持正常运转。除此之外，库克还把一部分产品外包给亚洲的合作伙伴，解决了运输和物流管理等问题，降低了苹果对产品的管控和分配的压力，以最简化的流程实现了最流畅的运营。

当然，极简主义是一种目标，不能片面地理解为一种过程，因为要达到极简，需要在过程中耗费一定的精力。打个比方，让你保留五样家具来拓展室内空间，但为了达到这个结果你要绞尽脑汁地筛选所有家具的去留，而库克对供应链的极简主义就是这么操作的。

以 iPad 为例，它的零部件供应商很多，这是库克有意为之的，目的是避免把鸡蛋都放在一个篮子里，因为苹果一旦在供应链上出了问题将会遭受致命打击。这种看似复杂的管理思路却带来一个有利的结果：每个供应商都小心翼翼地与苹果合作，不仅严格遵守其苛刻的保密政策，也尽可能地提高自身的产能和产品质量，这样就在客观上帮助苹果筛掉了不合格的供应商，同时也能将成本压缩到最低，难怪圈内人会把库克称为"供应链管理巨匠"。

事实证明库克的思路是正确的。他选择和多家供应商合作，不仅没有让管理过程变得更复杂，反而直接带动了iPhone销量的直线上升，这就是供应商集体发力带来的良性反馈。除此之外，库克还坚持把产品战略和供应链结合在一起，用"1+1=1"的简化思维将它们看成一个整体，从而让苹果的产品保持持续的差异化。其实这个思路不难理解，比如一个卖水果捞的小贩，他会根据货源来决定产品战略：如果能低价买到最多的西瓜，那就打造西瓜为主题的水果捞，不用考虑其他。

这就是极简主义思维的优势：排除一切不必要的干扰，只瞄准问题的核心。

库克的极简主义管理让苹果确立了差异化战略，听起来这是每个企业都能想到的，但库克通过真抓实干让供应链始终保持快速的反应速度和最低的生产成本，所以才能产出高效优质、低成本高价格的产品，让苹果在市场上具有难以匹敌的竞争力。

库克推崇极简主义，和苹果的企业属性有关，苹果的软肋就是依靠供应链生存，理论上其抗风险能力较弱，只有最简单的结构才能让其更坚固。就好比一把椅子，其连接的部位越多就越容易出问题，而一个用树墩子加工的凳子则稳定很多。

库克有一句名言："库存是最根本的邪恶。"在库克刚进入苹果时，苹果的库存周转周期为一个月，在库克看来这太长了，后来经过了解才知道，这还是优化过的水平，最长的周转期为2个月。为此，库克耗费9个月的时间专门改善供应链效率，把能砍掉的砍掉，把能精简的精简，终于把周转时间降到了6天，最低甚至只有15个小时。

库克为何如此推崇极简主义呢？因为苹果的仓库不能定位成一般的仓库，它更像是一个菜鸟驿站，东西只需要在这里临时存放，一旦积压就会带来很多麻烦。为了避免乔布斯时代混乱的库存管理，库克对供应链进行了颠覆性的改革，而改革的指导思想就是去繁就简，为此他采用了"JIT系统"。

JIT系统又被称作准时制系统，是由日本的丰田公司提出的经典理论，该理论的目标是实现零库存，操作思路是企业自身不存储原材料，只在需要时让供应商提供，以此来维持轻量化的运营。

在库克看来，如今的市场环境正在从封闭转化为开放，传统的库存管理存在重大缺陷。传统库存管理方法以经济批量法（确定批量和生产间隔期时常用的以量定期的方法）为指导思路，通过公式推算出订货费用和库存费用以及最低的订货批量。这样看起来是做了充分准备，其实也让企业背上了沉重的包袱，因为库存管理涉及多方面的复杂问题，顾虑得越多，出现问题的节点也就越多。具体来说就是要么库存量跟不上订货量，要么库存量远大于订货量，无论哪一种情况都会给企业造成难以弥补的损失。

在推行JIT库存系统后，苹果把本应该自己背负的压力转移给了供应商，让供应商去考虑"我该不该为苹果准备原料"，而非苹果去考虑"我该不该向供应商下订单备料"。2021年，苹果的存货比率（存货/总资产）不到0.2%，远低于行业内其他企业，真正释放了库存压力。

当然，JIT系统并不是将责任推卸给供应商，而是通过对下游的敏锐探测，尽可能精准地了解市场变化，从而制定出最符合实际需求的订单数量，对供应商通过少量、频繁采购的方式，随时增产或者减产，必要时还会停产，避免被库存拖累。从这个角度看，JIT系统把苹果变成了一个去吃自助餐的人，少量多次地拿取食物，而不是一次性拿太多吃不了或者拿太少吃不饱，而供应商作为店家则必须随时备好食物，因为自助餐价格是事先定好的，所以苹果也掌握着主动权。

正是因为当年推行了JIT系统，库克才让苹果很快扭亏为盈，回到了正确的发展轨道上。当然他并没有因此满足，他知道供应链管理任重道远，是需要不断改善的，所以他才感慨地表示："供应链管理策略是公司战略的一个重要组成部分，苹果公司要想在业内保持领先优势，就必须在供应链管理上下功夫。"

极简主义不仅给苹果换来了真金白银，而且让库克在苹果的地位日渐稳固，那些曾经质疑他的人慢慢发现，在失去乔布斯以后，苹果并没有陷入困境，反而接连推出了让人惊艳的产品，这些足以证明库克具备了为苹果这艘巨轮掌舵的能力。

05
破局笔记：销售为王

乔布斯去世后，苹果总会在新产品不尽如人意的时候被人唱衰，库克也因此被骂。其实从细节之处可以看出，库克也想全方位地接过乔布斯的衣钵，比如在发布会上他也会穿上牛仔裤以乔布斯的经典姿态入场，他在内心深处也担忧自己不被人认可。所幸库克没有忘记"做自己"的核心原则：他知道自己不是一个完美的创新者，却是一个优秀的管理大师，一个成功的商人。

那么，成功的商人有哪些标签呢？当然不是黑T恤、牛仔裤，而是出色的销售能力。

在乔布斯时代，"好产品不愁卖"就是潜台词，它代表着乔布斯对自己产品创新能力的自信，这倒无可厚非。但如果公司上下包括销售部门都将其奉为圭臬，这就是一个危险的信号。后来苹果遭遇的危机虽然和销售关系不大，却也没有因为在销售领域放出大招而转危为安，销售由此成为一个尚未被发现的软肋，只要被一招击中，就可能损失惨重。

当库克从乔布斯手中接过权杖后，他首先敲定了一个战略思维：苹果要想在世界舞台上大放异彩，不仅要推出让人惊艳的产品，更要用心钻研销售手段。

库克是这样想的，也是这样做的。在他的指挥下，苹果每一款产品进入市场后，都能快速地建立起分销渠道，从而保证产品销路的通畅。以中国市场为例，当时苹果和中国联通开启了独家合作，原本也可高枕无忧了，但是库克担心销路会因此受到限制，于是在三年合同尚未到期之前，就积极为苹果寻找下一个合作代理商。虽然当时很多人包括联通都认为苹果的做法"不地道"，但是从苹果的立场出发，"无缝衔接"找下家是必要的步骤，库克需要为苹果在中国市场寻找更多的合作伙伴，争夺更多的主导权，这样才能避免受制于人。

从重视分销渠道可以窥见库克的营销才能，因为渠道代表着触达受众人群的能力。库克向来都会谨慎地挑选合作方，与中国联通合作就是最有力的证明。当然这对库克来说还远远不够，他所考虑的是要扩大苹果在中国市场的影响力。

2010年，苹果在上海开了第一家旗舰店，由此开启了扩张之路。截至2022年，苹果在中国一共开设了44家直营店，覆盖22座城市（根据苹果官方公布资料）。虽然直营店数量和中国的"果粉"总量相比仍然太少，但以直营店为标杆进行辐射，加上其他线下门店和海量的网店，足以让苹果深度拓展中国市场。

事实证明，库克的选择是正确的，从2010年开始，中国的苹果直营店营收便不断增长，而同一时期iPhone在亚洲的市场销量也突飞猛进。这更让库克坚定了不能排斥中国市场的决心，而面对如此庞大的市场，只有建立好分销渠道才能打通销路。

库克的分销渠道战略主要是从五个点位切入的。

代理商

代理商存在的价值是帮助苹果将产品推向更多的消费者，而苹果本身的销售团队更侧重于企业用户，所以代理商起到了补充用户群体的作用，让苹果打开了普通用户市场。

销售员

随着自研处理芯片的横空出世，苹果电脑自身的优越性不言而喻，尤其是在视频剪辑、程序开发前端、设计等方面具有天然优势。这就需要有大量专业的销售员针对这些卖点向客户进行推荐，为了应对其中的大客户，苹果还特意设置了办事处和分公司，在营销中心的统一管理调配下为这些客户服务，并时刻准备着开发区域内的新客户。

分销商

苹果给予分销商的权力比代理商更大，让他们掌控了足够的分销权，依靠利润驱动和产品培训保持高歌猛进的销售进度。

网店

苹果通过建立自己的网店，让用户在官方网站上了解产品、软件、配件的最新资讯，整个购买流程也非常简单，用户只需要几分钟的操作就能完成购买，让人们足不出户就能用上苹果的产品，非常符合互联网时代的购物需求。

直营店

从某种程度上看，直营店并不承担太多的销售任务，更重要的是起到品牌宣传的作用。比如新机发售时排在店门口的长龙就是最好的营销广告，可以促进其他分销渠道的销量增长。这个营销利器一直被库克格外重视。

库克打造的这种颇具苹果特色的分销模式，为苹果赢得了巨额的销售利润，当然库克并没有就此满足，毕竟分销渠道只是产品营销的一个组成部分，他必须依靠有效的管理才能让这些渠道保持健康良好的发展态势。

为此，库克为分销渠道中的参与者设置了奖励机制，不断激发他们的营销动力。从后者的反馈来看，苹果的确是一个让分销商感到满意的上家，而他们借助苹果的品牌影响力也能减少一部分销售压力。

借力是库克在销售领域的指导思想之一，和乔布斯相比他更懂得变通，他会为了销售不断调整原有的策略。2020年，一向对中国电商节不感兴趣的苹果，审时度势地参加了"618"大促，并十分"讨好"消费者地让iPhone11降价，加上平台补贴后，该款机型售价一度低至4599元，这就给国产手机品牌带来了巨大压力。库克的这次果断出手，让iPhone11在国内的销量超过百万部，这还是在众多国产手机加入5G模块而苹果依然是4G网络的前提下取得的战绩。

依靠复杂而坚固的分销体系，库克让苹果产品从美国走向了全球，同时他也不吝啬为苹果打广告，这一举动不仅刺激了消费者的购买欲望，也让分销商看到了苹果雄厚的财力，从而坚定了与苹果合作的信心。

苹果能成为亿万"果粉"狂热追逐的品牌，库克功不可没。2015年，库克在华盛顿大学的毕业典礼上说："你要找到自己的价值观，并忠于它们，就像找到你的北极星一样。有时候这很容易，有时候却很难，有时候会让你质疑一切。"

或许对库克来说，他的价值观就是运用管理和销售的才能，为苹果打开一个面向全球的广大市场。既有宏观上的战略布局，也有微观上的战术制定，每一条销售渠道交叉重叠后组成了新的销售网络，在这些"大网"之下，一个属于苹果的销售市场就诞生了，光明的发展前景也被打开了。

Chapter 5

明星产品，
再造帝国

01
人格化：iPod是如何俘获众生的

2022年5月，很多"果粉"都因为一个"坏消息"而沉浸在一种悲伤的氛围中：iPod touch宣布停产。然而，这种悲伤的氛围很快被另一种"热闹"的气氛冲击了：不少新老iPod用户都去官网抢购最后一款在售的iPod touch，很快，中国官网上该款产品就售罄，而在加拿大、法国、德国、意大利、西班牙等国家和地区的官网上，也陆续没有了iPod touch的产品页面。

这一次大家抢购的iPod touch版本是2019年发布的第七代，搭载A10 Fusion芯片，性能和iPhone 7大致相当，属于是"落后时代"的产品了。不过抢购者并不在意，甚至连存储量只有32GB的"丐版"都被一扫而光，这意味着很多人抢购的理由不是使用，而是收藏。至于那些没有抢到iPod的，只能被迫去二手市场收购，然而iPod在落幕前掀起的热度让二手价格也保持坚挺。

不经意间，库克似乎又完成了一次"清库存计划"。至此，曾经留给一代人回忆的iPod产品线终于谢幕。

实际上，从2019年开始，iPod touch的销量就已经严重下滑，人们似乎对它没有什么刚性需求，因为任何一款千元级别的安卓机都能取代它。但不可否认的是，iPod曾经在数字音乐领域掀起了一阵流行狂潮并最终成为霸主，而这一切都和库克有关。

iPod是一款大存储容量的MP3音乐播放器，能够存放和CD音质相媲美的MP3格式歌曲，然而比CD播放机更先进的是，它具有极其人性化的操作系统，而且外观也十分讨人喜欢，除了播放音乐，还有显示日历、联系人等功能，甚至可以充当移动硬盘因此一经推出就在市场引起了巨大轰动。

颇具戏剧色彩的是，iPod的发展历史也是苹果的一部苦难史，因为它是在苹果最艰难的时候诞生的。2001年1月，苹果亏损严重，乔布斯和库克经过商量，决定让苹果杀进个人音乐领域。经过一段漫长的开发，iPod横空出世并一举吸引了消费者。

看到这里，或许有人会心生疑问：在iPod诞生之前不是已经有MP3播放器了吗？iPod作为后来者又是如何成为一代霸主的呢？答案是当时虽然已经有了MP3播放产品，但它们在综合设计理念以及品牌影响力上都弱于iPod，不过这也并非主要原因，主要原因还是库克出色的营销策略。

众所周知，苹果的营销策略是通过文化感染的方式征服用户，让人们产生一种"别人在用它，它一定是好产品"以及"别人在用，那么我也要用"的心理认知，这种认知不断冲击消费者的价值观，就逐渐演变为一种文化现象，形成一种精神符号。以年轻人为例，当他们带着iPod逛公园或者骑行时，表达的是一种创造和叛逆的态度。更为神奇的是，iPod不只能征服年轻人，连英国女王伊丽莎白、美国知名演员威尔·史密斯也会使用它，真正超越了年龄、阶级、种族、性别、职业等因素。

在iPod上市的短短三年里，它已经从一个播放器化身为一种精神寄托甚至是虚拟宠物，改变了人们的生活方式。很多大学生曾经把喝啤酒看成是"很酷"的行为，但是在iPod流行之后，他们觉得带着它出行才是最酷的，一些酒店甚至还专门设置iPod音乐小酒吧，为客人准备了装满数千首流行歌曲的iPod，顿时提高了客流量。

能够让iPod在世界范围内掀起如此大的波澜，这全得益于库克的营销才能。2004年,库克促成了苹果和宝马的联合广告:苹果提供给宝马一款容量为40GB的iPod装配在汽车上,让车主免去了携带CD的麻烦,而宝马也在mini方向盘上增加iPod"点击式转盘"的功能,方便车主任意挑选歌曲。这样,两个明星产品融为一体,引起了全球消费者的关注。

让iPod"开动"起来,这就是库克的绝佳创意,他借助宝马的市场影响力将iPod的光环持续放大,带给更多消费者的惊喜,这种创意的手段让很多竞争对手无法接招。

2003年,苹果推出了"iTunes"商店,集成了微软的视窗和Mac操作系统,由于iTunes音乐在线商店功能简便实用,所以一经推出就深受消费者欢迎。iTunes上出售的几百万首歌曲在客观上和iPod形成了捆绑销售的关系。看起来,这是库克下了一步臭棋,毕竟大部分消费者都反感这种营销手段,然而让人意想不到的是,捆绑销售反而给大家提供了获取正版音乐的新渠道,消费者欣然接受。

原来,很多MP3播放器下载的是盗版音乐,让唱片公司蒙受巨大损失,库克敏锐地意识到这里暗藏商机,就主动找到各大唱片公司拿到了授权。这样一来,iTunes音乐在线商店就成为美国合法音乐下载市场的主体,用户也乐于通过iPod购买正版音乐,仅在2005年苹果就卖出了2.3亿首歌曲。

在产品营销方面,库克虽然不算是顶级高手,但也发挥稳定。和其他专业的营销人才相比,库克最大的优势在于愿意拿出时间去琢磨产品、市场和用户,所以总能想出绝佳的创意。在iTunes音乐在线商店大获成功之后,库克马上又和美国当时最热门的U2乐队合作。

2004年10月,U2乐队在圣何塞的一家剧院演唱了名为《Vertigo》的曲目,这其实是推广iPod音乐播放器的广告曲。在演出结束时,U2乐队告诉媒体:他们拒绝了在其他商品中使用他们音乐的一切购买行为,也没有向苹果收任何广告费。很快,在库克的建议下,苹果推出了一款红黑颜色的U2版本的iPod，来纪念这支富有个性和才华的乐队。

U2乐队是一个创作型乐队，做事我行我素，不会为了钱而毫无底线，这正是库克选择与他们合作的原因之一。U2乐队的个性隐喻着苹果不盲从、有个性、具有时代引领性等特征。借助U2乐队自带的流行元素，库克将苹果的品牌文化传给了全世界。

与U2乐队的合作也体现了库克在营销上一个很突出的特色，那就是让苹果"人格化"。通过将产品"人格化"，能让消费者更加直观地判断一款产品是否与自己契合。而其中巧妙之处就在于，苹果强调的"个性""先驱"等特质很符合"巴纳姆效应"的原理：人们更愿意相信一个对自己模棱两可的评价。以年轻人为例，有几个人会觉得自己没个性呢？又有几个人不想成为某个领域的先锋呢？这种对自我的高价值预估很容易让他们亲近苹果的"人格"。

在乔布斯时代，苹果不会在广告宣传上花费大把金钱和精力，更不要说精心设置的营销手段了，因为乔布斯本人就是一个个性十足的人，由他缔造的苹果产品也秉承了他的个性，他往台上一站，那份自信、反叛和不拘一格就会吸引消费者向他靠拢。相比之下，个性不够突出的库克，索性就通过苹果产品"人格化"来进行品牌特质的宣传，这种另辟蹊径的做法取得了不错的营销成果。

2007年，第一代iPod touch诞生了，它属于iPod系列的分支。从产品定位上看，iPod touch相当于iPhone的精简版，不过和iPhone相比更加轻薄便携，它的问世彻底改变了人们的娱乐方式。在此后的十年间，iPod家族一直在音乐播放器领域占据举足轻重的位置，一度占据了70%的数字音乐市场，成为苹果利润增长的构成主体。虽然后来出现了智能手机，但也没有马上取代iPod，对那些音乐发烧友来说，它不仅是一款随身携带的产品，更是时尚与个性的象征。

然而随着时代的发展，iPod最终还是陷入了尴尬的境地，而首先对它造成致命一击的却是自家产品——iPhone。iPhone作为苹果全系产品中的王牌，本身就支持音乐播放的功能并且表现不俗，人们确实没必要再多带一款听音乐的产品。此外还有一个原因是第七代的iPod touch搭载了A10的仿生芯片，但由于芯片供应紧张的原因，苹果并没有那么多产能专门为iPod生产芯片，不如顺水推舟地让iPod系列体面退场。

虽然iPod已经成为"时代的眼泪"，但它在苹果发展史中的重要地位不容抹杀。对库克来说，他以一己之力将iPod从原本普通的数码产品变身为文化符号，一度让全球消费者为之痴迷，还带动了整个音乐播放器市场朝着更有文化深度的方向演进，更重要的是，iPod已经完成了它"人格化"的重要使命，让全球用户在看到它时脑海中就会浮现出一个放荡不羁、踩着滑板听着iPod的青年。这种人格符号的成功塑造已经超越了商业营销本身，仅凭这一点，库克就无愧于乔布斯接班人的身份。

02
一眼万年：Mac系列的营销学

今天我们都知道，PC是"个人电脑"的英文缩写，理论上指代所有民用的计算机，但如果严格区分的话，苹果的Mac是不在PC之列的，实际上"Mac"这个名字本身就是和PC阵营分庭抗礼的。从表面上看，PC阵营和Mac阵营实力并不均衡，毕竟PC阵营包括了Mac以外的几乎所有个人电脑，但时至今日，Mac无论在销量还是知名度上始终不逊色于PC阵营。

2022年第一季度，苹果的Mac和MacBook累计出货量为720万台，同比增长4.3%，这要归功于包括14英寸MacBook Pro和16英寸MacBook Pro在内的产品的硬实力。这个增幅让苹果在市场已经萎靡不振的情况下，依然能够在个人电脑市场获得8.9%的份额，位于第四位。虽然苹果的竞争对手联想以22.7%的市场份额位居榜首，但其出货量已经下降了9.2%，为1830万台；排名第二的惠普同比减少17.8%，为1580万台；第三名的戴尔增长了6.1%，出货量为1370万台。

如今Mac已经稳稳地占据了市场前五的位置，虽然外界一直对Mac的封闭生态系统颇有微词，但无论如何，Mac都没有沦为小众产品，它依然是很多用户心心念念的优秀产品。

库克和Mac又有着怎样的关系呢？这要从2011年说起。

2011年初，乔布斯因为健康问题第三次暂时离开苹果，这是库克第三次接替乔布斯，就在这段时间里，库克依靠他的才能创造了Mac的销售奇迹。根据苹果2011年第二财季报告显示，Mac的销量在亚太地区增长了76%，在美本土增长了25%。此后Mac的销量增长速度连续22个季度超过行业平均水平。在2012年6月底，Mac的销量增长速度超过市场平均水平的6倍，稳稳地击败了所有竞争对手。

让我们把时间先倒回到2008年。

2008年1月，苹果推出了MacBook Air笔记本电脑，这是一款拥有着全尺寸键盘和13英寸液晶显示屏的轻薄笔记本电脑，一经问世便惊艳了业内。在当时来看，没有哪个品牌的笔记本电脑能够与MacBook Air在工业设计、材料工程学以及半导体技术方面的水平匹敌，MacBook Air就是业内的标杆型产品。

在MacBook Air问世之前，笔记本市场的主流产品存在着严重的外观同质化倾向，很多产品不看品牌的话甚至无法辨别是谁家的产品，这对于那些追求外观、喜欢通过数码产品来展示个性的消费者来说简直就是噩梦。当然，从营销的角度看，外观缺少差异化也会让品牌的感知度弱化。相比之下，iPod就做到了这一点，它通过简洁靓丽的外观征服了各个年龄段的消费者，甚至改变了年轻人对数码产品的审美偏好。

在进行了认真调查和深思熟虑之后，乔布斯决心打造一款硬件够强且外观突出的笔记本电脑，从而让苹果在个人电脑市场上独树一帜，凸显自身的价值和优势，赢得消费者的好感和信赖。在MacBook Air的设计过程中，库克从市场营销的角度贡献了很多想法。MacBook Air就是在这一系列先进理念的孕育下诞生的，它充分体现了苹果在产品设计方面的核心语言，无论硬件、软件还是外观，都堪称行业最高水平，很快就带动了苹果Mac系列产品的热销。

从产品定位上看，Mac系列走的就是高端路线，它的价格相比于同配置的电脑来说比较昂贵，不过这并不意味着苹果就是想赚大钱、看不起低端市场，真实的情况是，从苹果电脑诞生的那一天开始，它的主流受众就是企业用户、高端用户，在这方面积累了丰富的经验和用户群体，不可能贸然进入一个自己不熟悉的市场，而这也是苹果的竞争优势所在。

在库克看来，营销学中的确会把价格看成是一个制胜的因素，但并非决定性因素。因为产品的性价比有时候并非影响用户购买决策的关键因素，反而是品牌力会占据主导作用。一味追求"高性价比"反而可能使产品变成"廉价品"。对苹果来说，Mac系列的价格定位应当取决于苹果自身的战略定位和对未来市场发展的预期。简言之，如果今天Mac系列大降价，变成和很多二线品牌一样的价格，即使它的硬件保持不变，很多消费者也会瞬间失去购买欲望。

除了在产品定位上绞尽脑汁，库克也敏锐地挖掘笔记本电脑市场的蓝海。当时MacBook Air推向市场后，瞄准的就是一个尚未被强大对手涉足的空白领域：便携且不失应有性能、续航、颜值和操作样样俱全的轻薄本市场。而在这个细分市场上苹果的Mac系列几乎没有竞争对手。

当然，走高端产品路线并非只定高价就万事大吉了，库克深知用户并不都是"颜控"，他们也同样在意实际体验。而要想让Mac系列产生高端体验感，就必须配备足够高端的硬件，所以在库克的主张下，MacBook Air搭载了优秀的无线设备，其WiFi连接功能体验优越，让用户无论携带它到哪里，都能快速地连接到无线网络中，大大拓展了其应用场景。也正是Mac的这一特色，才让"星巴克里用苹果电脑"成为一种文化现象。

一种文化现象的诞生离不开营销背后的助推。当初，库克研究如何宣传Mac系列，并为此敲定了一个十分富有创意的广告：一个能装在信封里的电脑。正是这则广告牢牢地吸引了消费者的视线，也推动了MacBook Air的品牌宣传，让人们清晰地了解了Mac系列的定位。

库克虽然不是顶尖的营销高手，但是他对广告有着独特的认识："产品要想在市场上具有良好的表现，好的广告创意十分重要。任何一则好的广告定位都要遵循'九字经'，即对谁说（选择目标消费者）、说什么（广告内容、创意、产品诉求点）、怎么说（艺术风格及表现形式）。"

"九字经"帮助苹果在产品营销环节培养潜在消费者，也让库克快速判断出哪些用户是拥有变现价值的潜在"果粉"。正是这种精确的用户筛选，让 Mac 系列的市场生态逐步趋于稳定。

和 Windows 阵营的 PC 相比，Mac 系列的确存在着系统封闭的弱势，但这同时也让 Mac 的 OS 系统具有了相对安全的稳定性，能够抵御各种计算机病毒的侵袭，加上 App Store 的软件过滤，Mac 储存的数据相对安全。对于那些没有特殊需求的办公族来说，Mac 内置的办公软件也方便易用，配合公认好用的触控板，真正实现了"随时随地办公"的目标。更重要的是，OS 系统比 Windows 系统更加省电，至少十几个小时的续航让电脑"摆脱"了电的束缚。能够把这么多优点集中在一个系列的产品上，说明库克已经对受众需求进行了全面分析，而且面对竞品打造了难以取代的差异化优势。

在苹果全系产品的设计过程中，库克总会扬长避短地从用户角度来思考问题。或许他不会从设计端缔造出一个伟大的产品，却能从需求端收集消费者的痛点，让产品达到"被用户强烈需要"的高度，从而让苹果的产品升级为一种带有文化符号和个性象征的产品，并依靠品牌的强大感染力去和竞品竞争，由此产生的竞争优势让苹果积累了海量的用户基础。这正是库克的高明之处。

03
iPad：创新精神未死

  2022年10月，据媒体报道，苹果即将推出iPad系列的更新，即第10代iPad或者iPad 2022。据悉，2022版的iPad Pro同样有11英寸和12.9英寸两个版本，处理器采用最新的苹果自研的M2芯片。消息一出，立即在数码圈中引发热议。

  人们如此关注新款iPad，绝非只因它的娱乐功能，事实上，随着苹果M系列芯片的推陈出新，iPad的应用场景越来越丰富，受众也越来越多，尤其是主打性能的iPad Pro系列，正在朝着更加专业的方向发展，苹果也在不厌其烦地为其增加各种具有"生产力"的新功能。

  虽然在2022年第三季度iPad的销量同比出现了下滑趋势，但库克并不为此焦虑。在他看来，iPad在上有笔记本电脑下有手机的夹击之势下，并没有失去生存空间，特别是iPad Pro系列，更是被苹果定义为"放在桌面上使用的便携电脑"。

  和iPod产品线相比，iPad似乎也面临着产品定位尴尬的局面，iPod最终谢幕也证实了人们的预测，但iPad时至今日都没有被iPhone和Mac、iMac等自家产品"绞杀"，这也隐隐透露出库克正在借助iPad谋划一盘大棋。当然无论结局怎样，iPad作为一款苹果产品都有着十分辉煌的发展史。

  这一切可以回溯到2010年。

当时，苹果向市场推出了一款"神器"，有意思的是它竟然没有固定的名字，在中国它被称为平板电脑，在美国它被称为网络阅读器，总之很少有人使用它的官方名字——iPad。不过，从这些五花八门的名字不难发现，iPad 的应用场景非常丰富：可以用来办公处理文件，可以用来进行看电影、玩游戏等轻娱乐活动，也可以作为日常生活的助手用来查询航班信息甚至充当翻译机。

和 iPod 相比，iPad 自从诞生开始就立体化、多维度地进入了人们的生活，在不同用户手中有着不同的价值和功能：对爱好阅读的人来说它就是"电纸书"，对于有车一族来说它就是大屏幕的导航器，对于整日奔波在外的人来说它就是便携的笔记本电脑……

以现在的眼光来看，iPad 的产品定位十分符合未来数码产品的演化趋势——与人的关系越密切就越有价值的提升空间，今天的各种智能穿戴设备就是最好的例子。在十几年前，库克也意识到，如果想让 iPad 站稳市场，就必须突出它的便携性。所以在无线网络设备还不发达的时代，iPad 就支持 3G 和 WiFi 两种上网方式，这种功能是当时的台式电脑和部分笔记本电脑都无法做到的，而智能手机那是也才刚刚登上历史舞台，iPad 单从功能定位上就走在了时代的前列。

清晰的定位和实用的功能让 iPad 一经推出就被称为苹果的又一"爆款"产品。谁能先拿到一台 iPad，谁就会收获周围人羡慕的目光，甚至有人表示：iPad 是苹果推出的最成功的产品。而这款备受赞誉的产品背后的操刀者正是库克。

2010 年，库克还是苹果的代理 CEO，这个身份比较敏感，外界有人认为他是乔布斯的接替者，也有人认为他是撞大运走上前台。从库克的角度看，能否向外界证明自己就显得尤为关键。当然，库克考虑的不仅是个人前途，也是在为苹果接下来的市场竞争提前布局，因为当时的苹果迫切需要酝酿出一款新产品来维系业内的领先地位，从而向亿万"果粉"证明：即使将来乔布斯真的离开了，苹果的创新精神也依然会存续。

创新精神就是苹果的灵魂，库克深知自己需要不惜一切代价去守住它。

事实上，iPad在2010年首次推出时，并没有被定位为苹果未来的盈利项目，而是当时的一项副业，这也从侧面证明了库克是顶着内部压力来推广iPad的。然而在iPad问世之后，其市场份额很快达到了94.3%，超出了苹果的预期。2010年第一财季iPad就为苹果带来了91.5亿美元的收入，占苹果公司总收入的20%左右，销量为1500万台。2011年，iPad的销量超过了Mac和Windows个人电脑。一位美国投资银行的分析师说："iPad的盈利能力令人难以置信，而这主要归功于库克。"

iPad打响了进入市场的第一枪，但库克要做的还很多，为了让它具有强大的发展后劲，库克发挥他的管理才能，为iPad打造了一个强大的供应链体系，而这也是iPad能够走到今天依然屹立不倒的主要原因之一。

苹果不是生产型公司，而是创意型公司，库克深知一点：如果要推出完美的产品，就必须借助实力雄厚的代工厂。虽然代工厂听起来缺少"技术性"，但实际上在这个领域中也有很多出色的生产专家和管理大师。像库克这样事事追求完美的人，他对代工厂的挑剔程度会更高，经过几番筛选之后他看中了富士康。

当时，富士康在整个亚洲乃至全球都是非常出名的代工厂，和很多世界知名企业保持长期合作的关系，而且富士康具有反应速度快、灵活性强等优点，这又恰恰和苹果的企业属性相吻合。于是在苹果推出iPad的时候，库克就向富士康伸出了橄榄枝。

众所周知，iPad的很多配件都是由上游的产业链制造出来的，这意味着苹果对产品配件供应商的要求很高，而富士康恰好能够在低成本和高技术之间找到一个平衡点：既不会让苹果付出高昂的代工成本，也不会因技术不过关而产出一批劣质产品。

在iPad刚刚投产的时候,库克选择了日本的发那科公司作为供货商,因为该公司能够生产CNC机台,可以为苹果的很多产品制造超轻薄的外壳。由于库克担心配件在运输过程中损坏,所以不惜血本包下了发那科的全部产能,使其专门为苹果服务,这样一来,竞争对手就无法再从日本买到CNC机台。库克的这一波操作看起来是在玩竞争策略,其实此时他考虑更多的还是产品本身,也就是如何为iPad搭建生产环境这一根本问题。

2011年3月,苹果发布了全新的iPad2平板电脑,再次引起轰动。

与上一代iPad相比,iPad2有着鲜明的差异化特征,比如在外形上更加轻薄,增加了炫酷的智能盖,在配置上采用了Apple A5 1.2GHz双核处理器以及PowerVR SGX543MP图形核心处理器,前后都有摄像头可以随意进行拍照,此外还内置了三轴陀螺仪和罗盘功能,上市的第一个月里就销售了260万台左右。

iPad 2的爆火并非借着第一代iPad的产品热度,这离不开库克的提前布局。

原来,早在iPad 2上市之前,库克就指挥苹果将全世界质量最好的IPS面板全部买进,让iPad 2拥有了豪华的屏幕,同时也让竞争对手没有足量的IPS面板可用,只能用质量较差的屏幕。通过这种"一增一减"的打法,库克就让iPad 2轻松获得了竞争优势,消费者越是货比三家就越是对iPad 2情有独钟。

库克的果断出招和凶狠"杀招"是乔布斯最为看重的优点之一。虽然库克看起来温文尔雅,但是在市场竞争方面从来不手软,他总是会在制造己方优势的同时凸显对方的劣势,这种直击要害的打法渐渐让苹果成为行业霸主和产品的风向标。

如果有人对库克这种做法嗤之以鼻,那么可以回顾一下2012年平板电脑混战的年代。那时三星、谷歌、微软、戴尔、惠普等巨头都纷纷推出了自己的平板电脑,无一不是价格低廉、各有卖点,更不要说各个国家的本土品牌了，如果库克不能抓稳供应链，不能将对手逼到绝境，纵使iPad不会因群雄逐鹿而消亡，至少也得让出半壁江山。

值得一提的是，当年iPad 2是在乔布斯去世之后推出的，库克之所以选择在这个时间节点发布，是因为他想证明苹果在失去"乔帮主"之后依然充满不竭的创新动力，同时也在证明自己可以领导苹果走向下一个辉煌的时代。

如今的平板电脑市场中iPad占据了绝对优势。以2022年第二季度数据为例，全球平板电脑销量为4050万台，其中苹果就占据了1260万台，排在第二名的三星是730万台，一、二名之间的差距接巨大。

iPad未来还能走多远，这与iPad的硬件配置和软件生态有着密切的关系。在"便携不如手机，性能不如电脑"的舆论之下，当2021年iPad Pro被放进了M1芯片之后，iPad变身为具有易用性、亲切感和趣味性的轻生产力工具。2022年，M1芯片又登陆了主打轻薄的iPad Air系列，这让很多不具有专业背景的人可以通过iPad进行内容创作。比如AR软件制作中，iPad可以发挥轻便、前后双摄像头的功能参与制作，而这是台式机和笔记本电脑的功能盲区。总的来说，库克正在通过提升硬件水平和丰富软件应用来为iPad寻找一个合适的生存空间——一个介于手机和电脑之间的空白区域，只要在这里站稳脚跟，那么iPad就不会步iPod的后尘。

"在手机和电脑之间的空白区域"，这听起来是一个模糊的概念，但对库克来说，这或许是苹果下阶段布局的重点之一。他不会把iPad打造成一个"可以附加键盘和鼠标"的类电脑产品，因为那样会让iPad消失，他要做的就是以iPad特有的定位让消费者知道：在轻办公和轻娱乐这一领域，iPad正在深耕，欢迎过来体验。

04
布局未来的 Apple Watch

如今，随着移动通信、图像技术以及人工智能等技术的创新和发展，可穿戴的智能设备越来越普及。可穿戴智能设备目前已经成为全世界增长最快的高科技市场之一，从2014年的0.29亿部增长到2021年的5.34亿部，业内人士分析，这个数字到2024年可能会达到6.37亿部。

作为可穿戴智能设备的一员，智能手表现在已经取代了很多人腕上的普通手表，成为最贴近人类的数码产品，它不仅承担起传统的报时作用，还兼具健康监测、娱乐和生活辅助等多项功能。然而，这还只是智能手表目前的实力，随着5G时代的到来和云计算与VR、AR等技术的深度结合，智能手表还会提供给人们更丰富、更具有颠覆性的使用体验，以至于它的报时功能会沦为附属功能，而它本身则会变身为元宇宙时代的一个重要入口。

智能手表有如此大的发展潜力，那么苹果在这一领域又是如何跑马圈地的呢？事实上，库克对可穿戴智能设备有着敏锐的洞察力并早早就布局了。2014年9月，苹果对外公布了Apple Watch准备上市的消息，由于保持了足够的神秘感，使得亿万"果粉"都对它充满了期待，毕竟它可是苹果的第一款可穿戴智能设备，是被赋予了历史使命的存在。

北京时间2015年3月10日，苹果的春季新品发布会上尖叫声四起，不过引起大家情绪激动的并非新款的iPhone或者Mac，而是Apple

Watch——一款千呼万唤始出来的压轴产品。

正如苹果的其他产品，Apple Watch首先在外观上就俘获了一大批"果粉"的心，它有太空灰、金色等多种颜色选择，每一款都靓丽出众，还有38毫米和42毫米两种不同尺寸的表盘，消费者可以根据自身手臂的粗细和审美偏好选择最适合自己的款型。

当然，真正打动消费者的不只是Apple Watch的外观，还有它的配置和功能。在配置方面，Apple Watch采用了OLED显示屏，搭载光学心率传感器和触觉引擎。作为一款取代传统手表的智能手表，Apple Watch并没有丢掉手表的本性，它的时间精度只有50毫秒的误差，完全符合手表的精度标准，而且它的电池续航时间长达18小时，支持电磁充电，这意味着用户不必时刻关注是否还有余电这种尴尬问题。

在基础功能方面，Apple Watch具备了收发短信、拨打电话、播放音乐以及查看天气等功能。当然，这些任务不可能真的交给一款小小的手表，而是要在连接iPhone之后才能使用。这样的设计理念就将苹果的众多产品打造成一个有依存关系的产品群。

第一代Apple Watch后来被称为Series 0系列。以今天的视角来看，Apple Watch存在交互时间过长等各种小问题，不过有些问题很快得到了修复，但这不是重点，重点是它为苹果的智能手表产品奠定了坚实的基础。

2015年有不少智能手表上市，然而它们都无法掩盖Apple Watch的光芒，这都得益于苹果的设计语言和平台影响力。当然，Apple Watch真正打动人心的还是它的各种全新功能。

一方面，用户可以通过Apple Watch进行移动支付，这就不得不提到库克的另一个布局：在移动支付领域开发了Apple Pay，它是2014年秋季新品发布会上发布的，基于NFC的手机支付功能，不仅当年在美国上线，如今也进入了中国。自然，搭配了Apple Pay的Apple Watch，就能更方便地通过"手腕"进行移动支付，要知道在2015年左右，移动支付还没有今天这样广泛的普及范围，这说明库克在洞察支付市场的脉搏上很有眼光。

另一方面，用户通过Apple Watch可以随时了解心率等人体健康指数，还能通过外置配件来测量血糖，这对于注重健康保养的人群来说非常方便。

除此之外，Apple Watch还有海量的应用程序，只有用户想不到的，没有苹果事先没有预见到的，这些应用随着新生代的Apple Watch推出变得越来越丰富，让Apple Watch的娱乐性和实用性都非常高，真正从软件生态层面让用户离不开它。

2016年9月，Apple Watch Series 1发布，和上一代相比，它从单核处理器升级到了双核处理器，运算速度提高了50%。正当用户对这款新生的Apple Watch跃跃欲试之际，同一月又发布了Apple Watch Series 2，增加了GPS传感器，深达50米的游泳者水保护功能（50米防水）以及更亮的OLED显示屏等，这样一来，用户可以穿戴Apple Watch游泳，大大拓展了应用场景。

至此开始，苹果以年更的速度不断推出新款的Apple Watch，时至今日已经升级到了第八代——Apple Watch Series 8，它拥有铝金属表壳，十分轻盈，采用100%再生的航空级铝金属制成，从配置上看，和上一代产品相比主要是更新了处理器和传感器，续航时间仍然是多年不变的18个小时（低功耗模式可达到36小时），其实在硬件性能提升的前提下，和初代保持着相同的续航时间，这是技术进步的表现，毕竟性能与功耗是正比关系。

Apple Watch Series 8的突出特点是具有温度感应功能，可以测量用户在白天以及入睡后的温度，从而对人体的生理变化进行更为精确的分析。此外，还有车祸检测功能，可以在用户遭遇事故后将位置信息转发给紧急响应者或快速拨号上的紧急联系人。

库克对Apple Watch系列可谓投入了巨大的精力,因为这是他亲自操刀的第一款产品,直白地说,这是在检验他离开乔布斯的影响下是否具有开发全新产品的能力,所以库克把Apple Watch视为自身能力的证明,更是颠覆传统腕表以及智能穿戴行业的勇敢尝试。虽然人们对Apple Watch的评价褒贬不一,但人们也不得不承认Apple Watch的创新性正在逐步引领着整个可穿戴智能行业,尤其是将旋钮和触控进行结合,实现了跨时代的"智慧嫁接"。现在很多信息都预示着Apple Watch将引领未来的智能手表潮流。

不过,库克如此重视Apple Watch,是真的把它当成是一款出色的智能手表吗?

答案是否定的。

智能手表再出众,它承载的功能和价值终究有限,对于IT产业而言,未来谁能掌控用户的生活,谁才有可能进化为新的王者。

2021年是元宇宙元年,这一年"社交元宇宙"的概念被提出,立即在行业内外掀起议论风潮,微软宣布要打造"企业元宇宙",海尔率先发布整个制造业的智造元宇宙平台,英伟达宣布推出全球第一个为元宇宙建立提供基础的模拟和协作平台,百度发布的国内第一个元宇宙产品"希壤"开放定向内测……无论是国内还是国外,无论是IT产业相关还是圈外,元宇宙霸占了话题榜单,直至现在热度也没有衰退。不过值得玩味的是,作为圈内人的库克似乎对元宇宙这个概念并不怎么感兴趣,他说:"我一直认为人们了解某物是什么很重要,而我真的不确定一般人能告诉你什么是元宇宙。"

单从苹果官方的态度来看,并没有发布任何与元宇宙相关的内容,看起来库克好像不打算加入"元宇宙世界",但事情绝非这么简单,实际上,库克更看重的是可以将虚拟元素和图像叠加到现实世界的AR技术,据悉，苹果也正在研发和AR有关的产品。

单从技术需求上看，元宇宙注重的是建立虚拟世界，所以着力发展的是VR技术，即虚拟增强，而AR技术是现实增强，它依托的根基是现实世界。但如果仔细咀嚼一下会发现，无论是基于现实还是基于虚拟，"元宇宙"的核心还是通过互联网和计算机技术实现万物互联，而VR和AR在本质上都是对现实的一种"反叛"。

回到库克的立场上，他其实并非彻底否定元宇宙的发展趋势，而是制定了更为清晰的路线：将虚拟和现实叠加，打造虚实交替的元宇宙。所以我们可以相信，在大方向上，苹果和其他逐梦元宇宙的企业并没有分歧。那么问题来了，库克解读的元宇宙除了需要AR设备之外，还需要一个"中转连接设备"，而这个设备大概率就是Apple Watch。

2022年7月，美国专利商标局公开的一项专利无意中泄露了苹果的计划——基于"Apple Watch"控制头显，简单说就是把Apple Watch当成是AR/VR设备的遥控器，使用者可以方便快捷地发布指令。

众所周知，VR设备的一个特点是"封闭性"，戴上头戴式显示器之后几乎和外界失去了交互的渠道，而AR则是一种"半开放"的状态，那么智能手表就可以成为完美的操控器，不仅协助使用者操控头显，还能连接其他设备，如手机、电脑等，这样一来，Apple Watch就很可能升级为整个苹果产品线中的"调度员"甚至是"指挥者"，作用不容小觑。

将逻辑理顺之后我们会发现，库克并非全盘否定元宇宙，他只是从商人的视角简化了对元宇宙冗余的解释，选择了以AR为蓝本的"现实版元宇宙"，然后通过打造一个"轻便小巧的遥控器"来激活这个新世界，联动其他产品，而这正是Apple Watch的核心价值所在。由此可见，库克不仅是把Apple Watch当成一款新产品，更是在努力将其塑造成为一把"电子钥匙"，它将联动由苹果开创的产品矩阵和软件生态，从而构建一个被苹果定义的元宇宙新概念。

05
让英特尔恐惧的ARM架构

商战中没有永远的争斗，只有永远的野心。当昔日的合作方与自己的新目标有分歧时，双方关系就会发生翻天覆地的变化。

对于苹果来说，看似几条产品线已经日臻完善，只需要再接再厉就好，但其实库克早已经寻找到了一条新赛道，或者准确地说，是曾经被苹果放弃的一条赛道，那就是"芯片自由"。

2020年，库克公开表示要在两年内让所有的Mac产品都用上自研的芯片。果然，在当年11月11日的苹果新品发布会上，M1芯片正式发布，适用于部分Mac、iPad设备。这一个重大产品突破，着实让整个数码界为之震动。

当然，M1并非苹果第一次自研芯片，在乔布斯时代，他就推动苹果和摩托罗拉、IBM组成了AMI PowerPC（Apple、IBM、Motorola）联盟，这是苹果首次尝鲜自研芯片。不过后来，PowerPC因为性能上的原因被苹果放弃，转而投向了英特尔。但是苹果并未因此放弃"芯片自由"的梦想。2014年，苹果发布了自研芯片A4，从此A系列芯片一路开挂，成为世界上最强的手机处理器，也促使了苹果和三星在芯片业务上分道扬镳。

既然M1并非零的突破，为何会引起业内业外的广泛关注呢？简单地说，M1最大的突破在于对其架构进行了切换，这也意味着苹果彻底与英特尔的X86架构分道扬镳甚至是分庭抗礼了。

M1芯片拥有4个性能核心加上4个省电核心，是典型的大小核设计，可以在动态调整功耗的同时又保持合理的性能释放，完全不逊于英特尔同时期的处理器，甚至在纸面数据上占据优势。

M1的问世标志着苹果Mac开始从x86架构切换为ARM架构，在行业里具有划时代的意义。M1的成功证明了ARM架构的芯片可以在PC领域取代X86，同时也意味着苹果的芯片过渡期结束，Mac彻底与x86架构告别，束缚苹果发展的又一条锁链被斩断了。

对普通人来说，ARM架构可能显得很神奇，但其实这是早就存在的一种处理器架构模式，其最大的特点是功耗低，换个角度看就是性能不够强，所以非常适合应用于移动设备处理器。但是苹果的这次突破让ARM架构摆脱了"低性能"的标签，展现出可以和英特尔i9级别的处理器掰掰手腕子的能量，自然在IT产业中掀起一轮风暴。

在推出M系列芯片之前，Mac的产品线使用的是英特尔处理器，而英特尔常年在处理器领域处于领头羊地位，AMD则常年处于下风，直到ZEN架构的处理器大放异彩后才有了真正抗衡英特尔的实力，不过这也只是近几年的事情。所以，为了保持Mac产品的基本性能，苹果不得不和英特尔保持常年合作的关系。而英特尔"挤牙膏"的调性一直让库克不满，毕竟苹果的创新动力要超过英特尔，然而纵然设计理念再先进，也终归会被硬件设备拖后腿。

M1芯片的发布让英特尔十分恐慌，甚至引发了鲶鱼效应，在第二年就推出了12代酷睿处理器，性能提升了20%～30%，而库克没有被这个"反击"吓倒，马上发布了性能更强的M1 Ultra，虽然单核性能弱于12代酷睿，但在多核性能上比M1要强很多。而且库克的大招还没有放完，在2022年6月，苹果发布了M2芯片，性能较之M1提升了18%，而这一回与12代酷睿基本上打了个平手。

库克死磕自研芯片让大家意识到一个问题：原来英特尔的真正对手不是AMD，而是苹果。毕竟，英特尔和AMD的处理器都属于x86架构，你有的优点我可以有，我有的缺点你也少不了。但是，ARM下场之后，情况就变得完全不同了。

一直以来，Mac的轻便、强续航等特点都是很多移动办公人士的最爱，因为无论搭载英特尔还是AMD处理器的笔记本都很少能续航超过10个小时，即便有，通常也是采用了低压处理器，简言之就是以性能换功耗，本质上还是牺牲用户的硬件使用体验。然而M系列芯片的出现，不仅能让Mac产品保持至少十几个小时的续航，还能不削减性能，这对于很多偏向"重办公"的消费者来说就是相当大的诱惑了。

M系列芯片的惊艳亮相并非库克一时冲动下的误打误撞，而是提前做好的宏大布局的结果，其中也有乔布斯的引领作用。乔布斯时代的iPhone重新定义了手机，iPad重新定义了便携式电脑，在库克的接力下，iPod重新定义了MP3播放器，Apple Watch重新定义了智能手表。无论由谁来发起，这些苹果的拳头产品大部分都内置了ARM架构的芯片。

那么，一款自研芯片对苹果到底有何种意义呢？从乔布斯的角度看，这是他天才创造力的发挥，是对"革命性电子产品"的狂热追求，甚至可以说是一种本能驱动，因为他就是要不断颠覆人们对现有产品的认知。不过这套解释逻辑并不能用在库克身上。

库克虽然是乔布斯的接班人，是苹果精神的继承者，但他并不是乔布斯的复制品，他的行动逻辑核心是为苹果追求更大的利润空间和更广阔的产品应用场景，简言之就是把更多的用户拉入苹果构建的软硬件生态体系中，让他们熟悉并习惯苹果的产品定义和操作逻辑，由此转化为具有消费刚需的铁杆"果粉"，最大限度挖掘用户价值。

回到和英特尔争霸的处理器的战场上，在M系列芯片推出之前，苹果其实是受制于对方的。仅在2019年，苹果就向英特尔支付了29亿美元的费用，现在有了 M 系列芯片，苹果不仅省了一大笔采购费用，而且还将产品线控制权重新夺了回来。

这个操作听起来是不是有些耳熟？没错，这又回到了库克的老本行——供应链管理上。

供应链始终是苹果最需要投入精力处理的问题，虽然库克想尽一切办法将供应链上游掌控在自己手中，但店大欺客是亘古不变的真理。面对英特尔这样具有绝对话语权的行业统治者，库克用于对待中小供应商的套路显然是不奏效的，所以他一直在憋着大招，想彻底摆脱被上游控制的恐惧。

由于 M 系列芯片采用的是 ARM 架构，就让苹果的几条产品线完成了统一，让 iPad 和 Mac 上的应用可以直接使用，意味着苹果的产品线之间形成了纽带关系，最终可以组成互通有无、相互促进的产品矩阵，一些新的应用场景也由此诞生了。比如某个具有"接力"功能的软件可以让用户将平板上的应用无缝衔接到笔记本电脑上，未来这个功能会逐渐扩展到所有程序上。简单说就是你在家用 Mac 工作时，如果临时要出门，就可以在车上用 iPad 继续之前的工作。这不仅方便了用户，还形成了专属于苹果的多维控制权：无论在哪儿，你都可以继续使用苹果的产品。

库克把筹码押在 M 系列芯片上本身也是一次豪赌，赢了收益很大，将会直接挑战英特尔的霸主地位，但风险也有，就是如果软件生态搭建不起来的话会造成应用冷场，最终会影响几条产品线的存量和增量。不过，库克小心谨慎，步步为营，充分调动苹果的生态掌控力，鼓励软件厂商做通用版，也就是把软件做成 ARM 和 X86 结构都能使用的，这样如果 A 用户使用 Mac，B 用户使用 PC，他们也不会因为软件冲突无法交接工作。如此一来，ARM 架构的应用程序就能和体量更大的 PC 阵营融为一体，然后再慢慢通过优势积累促使用户做出新的选择。但在这个过渡阶段，苹果还是要尽力营造一种"软件大同"的生态格局，不能过早逼迫用户二选一，否则出局的可能是苹果。

目前 M 系列的表现超出了人们的预期，但是未来依然存在变数，而库克要做的就是尽量减小这些变数。

虽然人们公认乔布斯是出色的产品经理，而库克是一个合格的商人，而商人如果充分发挥其商业思维的优势，同样会倒逼出一些有创新性的产品，M 系列芯片就是最好的证明。我们甚至可以预见，库克在未来会基于市场生存环境的变化为苹果规划出更多具有划时代意义的产品，毕竟他的判断力、掌控力和影响力会带给人们新的惊喜。也许，这就是他和乔布斯的殊途同归。

Chapter 6

创新是开路的剑

01
"库克风"的创新思维

2021年2月17日,著名中文视频博主"老师好我叫何同学"采访了库克,作为多次登上热搜的网络红人,何同学本身就话题性十足,而这一次他竟然和重量级人物对话,一时间再度登上各大社交媒体的热搜榜。不过,真正引起业内人士关注的,还是库克与何同学谈论的"苹果创新"的问题。

应该说,"创新"对库克而言是一个敏感而又带着几分尴尬的话题,因为人们对库克的印象就是"缺乏创新精神和创新意识",不过,库克这一次倒是坦然面对这个存在已久的争议,侃侃而谈自己对创新的理解。

库克认为,创新没有固定的公式,苹果的每一位员工都有各自擅长的领域,他们会从自己的专业角度出发来认识世界,有的人擅长软件,有的人精于硬件,虽然经历、技能、职位各有不同,但他们都有一个共同的目标,那就是致力于设计出优秀的产品。

值得一提的是,在这次对话中,库克谈到了一个重要的时间节点——2020年。在他看来,这是苹果的创新之年,多条产品线都在进行突破性的创新,其中包括让英特尔恐惧的M1芯片,也包括iPhone、iPad等老牌产品。

客观地讲,2020年苹果的确迈出了很大一步,然而这个步子迈得到底有多大,其实还要看每条产品线中埋下的"暗线"。比如M1芯片意味着苹果可能继续深耕PC市场，依托大数据和人工智能，将M系列芯片作为未来新产品线中的核心动力；至于搭载了M1芯片的iPad，它也不再是一款"大号手机"，而是一个能够和桌面端PC和移动端PC争夺新空间、定义新应用场景的重要工具。

如此看来，库克从内心深处还是认同自己的创新能力的，或者更准确地说，库克的创新能力体现在"创新凝聚力"而非"创新天赋力"。

如何理解这个说法呢？

其实，库克一直知道自己的短板，但他并没有因此担忧，毕竟身为CEO他可以借助集体的力量来完成创新。为此，库克赋予了团队足够宽松的环境，不用规章制度去束缚他们，为的是能够最大限度地解放他们的思想，让大家避免陷入办公室政治，在和谐的环境中积极交流，这样就能通过思想碰撞产生更多的好想法和好创意。

事实上，苹果的工作团队也的确按照库克预期的方向发展，他们把更多的精力投入产品本身，而非个人的职场前途和话语权，一旦谁有了好点子，甚至可能半夜打电话分享给别人。由此也可以窥见苹果团队在日常工作中的配合度有多高，人与人之间的关系也和谐友善。在这种正向的工作氛围中，集体智慧会产出更多创意，汇集起来之后必然能量惊人。

通过多元化团队来完成创新，这就是库克创新思维的组织表现。当然，仅仅依靠团队还不够，创新也需要借助外部的养分。在与何同学的谈话中，库克表示他的很多创意，比如五笔输入法和相机中的二维码模式都与中国消费者有关，这看起来只是解决客户反馈的问题，却从侧面展示了库克的另一个创意来源——客户痛点。

单从这一点来看，库克就足以超越乔布斯，因为乔布斯对待客户的态度有时很冷漠，而库克能够倾听客户的声音，这就让他拥有了丰富产品创意的新渠道。

对库克来说，相比于创新能力，他对自己有更重要的要求，因为他知道乔布斯选择自己是将自己置于"推动者"这一角色。那么，库克能推动什么呢？当然是推动乔布斯已经布局好的发展总战略和产品根基。当然，在这个推动过程中依然需要创新精神，但难度系数肯定要比开拓时期要低一点，而其中的差距库克也总有办法弥补。

当大家纷纷指责"库克时代没有创新"时，某种程度上是因为他们走进了认知的盲区，他们没有看到Apple Watch布局未来的发展潜力，也没有看到突破乔布斯设定框架（如手机应该为单手操作而设计）的iPhone6，更没有看到Apple Pay在移动支付领域的破冰……虽然这些并非富有开创性的创新，但足以匹配库克"苹果事业推动者"的身份，更何况打破乔布斯的产品定位是需要勇气并要承担骂名的。

之前我们讨论过，库克虽然会习惯性地从商人的思维出发，但在客观上也会产出创意大师才有的创新成果，而这样的创新逻辑对苹果而言是非常安全的：即使没有创意成果，至少也会保证苹果能赚取利润；而如果库克以商人思维"倒逼"出了创新产品，那么苹果就有机会赚取更多的利润。

我们不妨大胆猜测，乔布斯其实也考虑到了库克的这一特质，才把接班人的位置给了他，因为只有他掌舵，苹果才能拥有一个安全的底线和不被封顶的发展空间。

当我们去谈论乔布斯和库克的创新才华时，有一点不容忽视，那就是两人身处的时代已经大不相同了。

乔布斯创业的年代，PC行业也好，IT产业也罢，整体上都处于刚起步的阶段，竞争对手在摸索，消费者在观望，市场尚未形成固有的产品价值观，无论是生产端还是需求端都处于迷茫的状态。这时候只要有一点好的想法，只要不犯大错误，基本上都有机会打造出不被排斥的产品，而且此时的用户尚未形成根深蒂固的使用习惯，所以创新风险相对较低，回报率却较高。身处这个时期的乔布斯自然有更多展示才华的机会，他也因此获得了"产品革命者"的称号。

相比之下，库克奋战的时代就有所不同了，此时市场已经趋近成熟，竞争对手也羽翼丰满，市场形成了相对固化的产品价值观，用户也被培养出了使用习惯和品牌偏好。这时候的创新风险性直线升高，各家的产品往往会陷入同质化的尴尬境地，大踏步的创新稍有不慎就会挑战用户的使用习惯而被扣上"反人类"的标签，所以"微创新"反而显得更具有现实意义。

以 iPhone 为例，在它引领了智能手机时代之后，各种竞品层出不穷，而友商多少总能在先行者的基础上搞出一点新花样来，从而使它们的竞争力不会被削弱多少。但是对于引领者来说，想要再度领跑业内就有了相当大的难度，因为此时可创新的空间已经越来越小了。

库克深知竞争环境发生了变化，所以他更侧重于考虑用户的体验问题，而不是盲目创新，毕竟这能确保苹果少犯错误。不仅手机行业如此，PC 行业和其他数码产品也是如此，红海市场让库克形成了新的竞争思路：既然不能从单品上进行颠覆性的创新，那就不妨将单品整合，这某种程度上也是一种创新，风险还小许多。

这个整合产品的思路就是做苹果的生态圈。

从 M1 芯片到 Apple Watch，这些新产品都可以看成是为搭建生态圈而做的努力，这可以从库克在接受《彭博商业周刊》采访时的讲话得到验证："有一件事是我们极力在做并且别人还没有做的，就是将硬件、软件和服务整合，让大部分用户都不再区分它们。"

当乔布斯式的创新不再适合新时代时，库克式的创新有了用武之地。

库克从乔布斯手中接过的不是权杖，而是接力棒，这就意味着他不能走乔布斯的老路，否则就好比在接力赛中往回跑一样。库克要做的是延续性的创新，也就是将增长指数为"1"的创新延伸到"1.1""1.2""1.3"，这样才符合时代需求，也符合苹果的根本利益。当然，这并不意味着乔布斯式的创新彻底消失了，它可能只是需要一个契机，这个契机和技术发展有关，和人类社会的演变方向有关，也可能和一个偶发事件有关。而在颠覆性的创新出现之前，库克式的延续性创新就是最实用和最保险的。从这个角度看，商人思维的库克恰好可以通过不断赚取利润为苹果未来的突破性创新做好准备，毕竟划时代的产品需要大量的资源支撑，而库克正在做的就是确保苹果的物质基础和创新的外部条件优于其他企业。

如果乔布斯天上有知，相信他也不会责怪库克在创新领域的小步试探，因为他早已告诫过这位接班人："永远不要问如果换成乔布斯他会怎么做，做你认为对的事就行了！"的确，库克就是在做他认为正确的事——赢利，但他也从未忘掉创新，或许他只是在等待一个历史性的时机。

02
抓住客户痛点

一直以来,"苹果用户的痛点"都是网络上的热议话题,如续航时间短、信号接收差、通话没有录音功能等,这些的确都是客观存在的问题,苹果对用户的反馈也并非无动于衷。2022年,苹果推出iPhone 14 Pro时就旗帜鲜明地提出:专攻用户痛点。经过测试可知,iPhone 14 Pro确实在续航时间上有所提高,刷一小时短视频只消耗7%的电量,在拍摄功能和充电速度上也都有所提升。

话说回来,世界上没有完美的产品,有些缺点并非恶性缺点,而是妥协之后的"伪缺点",比如要想让机身轻薄,那么电池容量就很难做大,摄像系统也无法加入太多组件。这些缺点从产品端的角度看在所难免,所以关键问题在于厂商是否能认真倾听并抓住客户的痛点。

库克和乔布斯在一个问题上存在较大的差别,那就是对待客户的态度。

乔布斯是天才型的创意大师,脑子里总会蹦出各种新奇甚至是古怪的想法,他的人格魅力和创意天赋能够让用户跟着他的思维走,会不自觉地认为"乔布斯的设计理念是对的",由此乔布斯坚定了"产品至上"的经营思维。所谓产品至上,其实就是从产品端思考,乔布斯设计出一款自认为出众的产品然后推销给用户,如果用户不喜欢,那只能说明他们没有适应产品或者并非自己产品的目标受众,总之就是"我的产品没问题,是用户有问题"。虽然这种思维听起来有些离谱,但放在乔布斯身上似乎也能成立,毕竟他的确能以一己之力引领行业风向。但问题在于,如果不是乔布斯怎么办?

没错,库克就是那个"不是乔布斯"的人,所以他的经营思维更偏重"用户至上",之所以用"偏重"二字,是因为库克也并非把所有精力聚焦在用户身上,他只是更倾向于多角度考虑问题,即除开产品之外,从竞品、市场、用户等多个角度出发,从不把自己局限在设计者的视角。

库克之所以会有这种思维,是因为他更注重分析市场,他经过多年在行业内的摸爬滚打,发现很多竞争对手往往都会走和乔布斯一样的路,那就是把视线聚焦在产品本身,思考着如何把产品卖给用户,而不是思考"用户到底需要什么样的产品"。当然这对于一些已经具有市场知名度的企业来说确实能奏效,至少在短期内不会暴露问题,毕竟总有一些消费者愿意为"信仰"买单。但是如果长期固化这种思维,迟早都会被竞争对手打败,而库克就是那个不想被对手打败的人。

库克的平易近人让他总是能脱离"CEO"的视角倾听和思考他人的意见,所以在他的多维度思考路径中,"用户体验"就是那个并非唯一但绝对重要的存在。库克了解苹果设计团队的能力,有时候他也会被设计团队制造出的样品惊艳,但如果冷静下来思考,他会发现有些产品过于注重"设计感"而忽视了用户的"体验感"。所以,库克总是对设计师们讲:如果过于偏重设计而忽视用户的体验需求,迟早会被用户抛弃。为此他还很有远见地说:"企业在以往的发展过程中最值钱的是资本,谁的资本大谁就是当之无愧的老大,后来就是技术,现在是客户价值创新。"

对企业来说,不是把自己设计出的产品推销给客户,而是根据客户的需求为他们量身定制产品,换个说法就是,企业要为客户解决现实问题,而产品就是解决问题的工具。

在没有互联网的时代,手机也只能打打电话,因为用户不会指望着用蜂窝网络上网冲浪，但是在互联网普及之后，移动互联网有了依托的土壤，这时候用户就希望随身携带的手机具有上网娱乐以及办公等功能，这让智能手机有了市场。从这个角度看，库克所说的"客户创新价值"，就是不把目光锁定在产品创新上，而是聚焦在需求创新，除了满足用户的"表面需求"之外，还要刺激他们暴露出更多的"潜在需求"，创新不是目的而是手段。

其实，能够看到这一点，就足以证明库克是重视用户痛点的，而痛点不解决，就不可能有潜在需求的挖掘。当然，库克之所以能够作出这种理性的分析，也与他对苹果的深入分析有关。在库克看来，苹果在乔布斯时代是气势正盛的初创阶段，那时的乔布斯坚定地表示不做廉价产品，要用高品质来吸引用户，至于是否能够满足用户的需求更多地看设计者是否具有这方面的意愿与能力。

1998年库克加入苹果之后，他和乔布斯一起开始了"软件＋硬件"的结合阶段，也就是一方面依托优质产品，另一方面依托各种软件应用，而软件应用就是深度触及用户需求的。后来，乔布斯又给苹果的发展定了一个主基调：从消费电子公司升级为平台公司，用硬件搭建平台，再通过平台的技术和经验积累来带动新硬件的需求。

如果简单粗暴地为上述三个阶段总结的话，就是"产品至上、产品＋需求、需求创造产品"三个阶段。不过从宏观的角度看，乔布斯虽然看重产品设计，但他也在引导苹果逐渐接近需求端，尝试从用户的角度思考，只是上帝没有留给他那么多的时间和精力。

既然乔布斯没有机会去实践，那库克自然要接过重任，他认为，苹果的最好出路是和用户成为朋友，当他们购买了苹果的产品后，可以和苹果的员工分享知识和软件应用，这样就能最大限度满足他们的现实需求，榨干每一件苹果产品的性能，这才能说明苹果的产品设计方向是直指用户的。

库克之所以会产生这种想法，大概率和他的性格有关，他虽然是职场上的王者，却并非那种争强好胜之人，在青少年时代他就不太喜欢出风头，因此在库克的认知中，友商也许不会真的成为朋友，倒也不必非得来一场零和博弈。当然，这并不是说库克畏惧竞争，而是他更担心过于激烈的竞争会演变为恶性竞争，进而把苹果带向错误的方向。

乔布斯曾说过一句话："顾客要买的其实不是产品本身，而是要用产品来完成任务或解决问题。所以我们在设计产品时，不应该只把它看成是一个设备，而应把它设计成顾客一看就喜欢的艺术品。"仔细咀嚼这段话你会发现，乔布斯其实也懂得用户需求的重要性，但他却还是把重点放在了"设计艺术品"上，所以在他的认知中，"我设计出了好产品"和"客户需要一款产品"是不矛盾的，因为他相信自己设计的产品"恰好"就是用户需要的。

这就是乔布斯和库克关于"用户需求"的细微差距，不能粗暴地理解为乔布斯完全不顾用户，当然也不能简单地认定库克不在意产品本身。

其实，库克并不排斥"设计艺术品"这一理念，他总是对团队说："我们要沿着乔布斯所制定的产品战略继续走下去。只有打造完美的用户体验，才能保持自己的竞争力。"但是对比乔布斯，他的思考重点还是落在了"用户需求"上，因为在他看来，再有艺术感的产品也终归是一件工具，或者说它首先是工具，其次才是艺术品，苹果可以用制作艺术品的心态去制造产品，但不能用推销艺术品的方式去面对用户。

库克和乔布斯在"用户需求"上的微妙之别，看上去是大方向一致，然而这种细微的差别会随着时间的推移、政策的制定和行为的推动逐渐放大，因为库克始终思考着如何赢得用户信任，所以他才不断向团队灌输用户体验至上的理念，准确地说，他也会考虑苹果的某些产品定价是否可以不要太高，能够让尽可能多的用户消费得起，毕竟在他看来，电脑是服务人的，操作越简单越高，价格越接近平均消费水平越好，所以他非常重视苹果产品的软件生态搭。而在产品定价策略上，苹果也有很多亲民产品，比如低于7000－8000元价位段的Mac air系列，而iPhone的售价也并不比竞品高出多少，更何况如今很多电商都有分期免息的优惠政策，可以让更多消费者购买得起。

库克不仅是理论派，也是行动派，他甚至还是"学院派"。针对中国市场，库克死磕用户痛点的有力证明就是苹果设立了四个研发中心（截止到2022年），分别位于北京、深圳、上海和苏州。苹果官方给出的说法是：研发中心将致力于计算机软硬件、通信、音频和视频设备、消费电子产品技术及信息技术等先进技术的研发。

一直以来，苹果的作风是"加州研发、中国制造"，极少会在国外设立研发中心，毕竟这可能会涉及技术泄密的问题，然而近几年苹果陆续在英国、以色列和日本等海外市场设立研发中心，一方面是为了利用当地的优势资源，比如日本的材料学、以色列的通信和芯片等，另一方面，建立研发中心也是为了深入了解当地的市场环境和用户需求。

以中国的研发中心为例，苹果可以快速让产品本土化并适应中国用户的习惯，最典型的案例就是微信小程序，如果苹果产品无法支持微信小程序，那就意味着销量会有大幅度的下滑。而且中国目前是苹果应用软件的重要销售市场，而软件应用又是和用户需求密切相关的，所以库克必须更深入地了解中国用户的痛点，这样才能在iPhone遭受中国本土手机不断挤压的大环境下找出新的破局点。

用户为痛点而吐槽产品，库克也为用户的痛点而不断寻找出路，有了库克的主动，苹果本质上是在和用户进行一场不可预见的"双向奔赴"，他们会合的终点是一件优秀的产品，这个产品兼具"工具感"和"艺术感"——到这一刻可以确定，库克的用户至上思维赢了。

03
智能时代：必须由苹果占领

如果你的孩子只能学一门外语，你会为孩子选择什么语言呢？或许你会选择英语，或许你会犯"选择困难症"，不过其实不用担心，库克已经帮你做出了选择。

2019年，库克在新加坡接受了《海峡时报》的采访，他表示代码是全球性的语言，如果孩子只能在母语之外学习一种语言，那就应该学会写代码。

在库克看来，即使是使用范围最广的英语和使用人数最多的汉语，仍然带有一定的区域局限性，但是代码是全球通用的，而且它代表着未来，尽管代码对很多人来说是虚拟的，但它可以帮助人类创造性地解决问题。

库克为何突然把代码的地位"捧"得如此之高呢？其实，这和苹果当前的战略布局有关。如今，人工智能技术如火如荼地发展起来，引发的是一轮智能化的工业革命，而在这场声势浩大的革命中，代码就是智能时代的"世界语"。

诚然，在某些人看来，库克对代码的赞誉有一定的营销成分，事实也的确如此，苹果深耕IT产业，但它并不只是一个设备制造商，还是一个引领智能时代的创造者。这听起来有些夸张，但如果你了解计算机的发展历程，就会明白智能时代与苹果的关系有多么深了。

1951年，世界上第一款商用计算机由雷明顿兰德公司发明，由于当时处于技术起步阶段，所以计算机造价极高，达到上千万美元，因此它的目标受众是科研市场，在世界范围内也只有少部分国家和组织消费得起。然而，很快，IBM公司就发现了计算机在商用领域的潜在价值，于是开拓性地将商用计算机从科研市场拓展到了商业市场。没过多久，DEC公司瞄准了小型企业，开发出了适用于他们的小型商用机，进一步拓展了市场。

虽然，计算机的目标受众越来越广泛，但依然没有普及至大众消费者，如此程度的技术覆盖很难引领一个时代。就在这关键的历史发展节点，乔布斯提出了"让每个家庭都可以拥有一台计算机"的口号，最终推出了面向个人的计算机，虽然价格和今天相比仍显昂贵，但总算让不少家庭圆了拥有一台计算机的愿望。

计算机的民用化，一定程度上代表着智能时代的开始，因为它催生了互联网，让更多的人足不出户就能了解世界。不过，这时的智能化仍然带有局限性，因为计算机还不够便携，即便是笔记本电脑也摆脱不了重量和电源的限制。

2007年，苹果的初代智能手机iPhone诞生，由此加速了移动互联网时代的到来。人们通过一部小小的手机就能满足简单的办公和娱乐需求，等于拥有了一台迷你版的掌上电脑，智能时代进一步走近了人们。

其实"智能化"二字早早就植入苹果的企业目标之中，甚至是一种刻进其DNA的存在。不夸张地讲，如果苹果的产品和服务不再和智能有关，那么这个公司就已经名存实亡了。

库克虽然不是苹果的联合创始人，但他从加入苹果已经有二十多年了，而且他也深得乔布斯的真传，他比任何人都清楚，"智能化"就是苹果的"第一性原理"。

"第一性原理"是一个物理学词汇，来源于"第一推动力"这个宗教词汇。对于个人而言，第一性原理就是最根本的人生目标，对于企业来说，第一性原理就是其生存发展的使命。

如今，库克身为苹果的掌门人，苹果的"第一性原理"就是他个人的"第一性原理"，所以他非常重视苹果在智能时代扮演的角色和产生的影响力。

在苹果推出惊艳世人的iPhone之前，人们认为它是一家有个性的企业，不会随波逐流，产品也总是带有亮点。而在苹果推出iPhone之后，智能手机时代来临，人们对苹果的要求就上了一个新台阶，把它当成了引领时代的向导，人们期盼着每一款新产品的问世，业内同行也在暗中窥视苹果能搞出什么新花样。

在乔布斯离开之后，"引领时代"的责任就落在了库克身上。

对库克来说，他可以接受人们抨击他没有乔布斯那样的鲜明个性，也可以接受人们对他只是一个商人的定位，但是库克不能接受苹果在他手中失去了引领时代的"第一性原理"。所以他绞尽脑汁研究如何把苹果的产品和服务与智能时代相融合，这与其说是库克作为CEO的责任感，不如说是作为乔布斯接班人的使命。

曾经有记者问过库克：如何确保苹果走在领域的最前沿？库克给出了一个关键词：创新。没错，这个词虽然是库克被人吐槽的软肋，但他并不避讳，因为这代表着苹果的"第一性原理"，也是他作为CEO必须重视的问题。

为了实现创新，库克把筹码押在了人工智能上，他表示人工智能已经出现在很多意想不到的产品中，所以他也想让苹果的产品带给用户"意想不到"的感觉。为此，iPhone从识别用户指纹和面容开始，再到用户整理照片的方式，都运用了AI技术，更不用说语音助手Siri的思维也是由AI来运作的。虽然这些技术目前还不完全成熟，但还是让用户觉得iPhone是一部"有生命"的手机，而Siri也越来越像一位有独立思想的贴心管家。

当然，智能时代并非依靠苹果一家之力就能开创，所以库克暗中发力去开发AR技术，其实就是想通过现实增强的方式让苹果的产品和更多的应用场景密切关联，甚至还能与其他产品产生交互关系，这样一来，苹果的产品和服务就能深入渗透到人们的日常生活之中。

虽然库克痴迷于人工智能，但是他对人工智能也有着清醒的认识。比如论及用户的隐私，他认为"真正智能的 AI 必须尊重人类价值观，包括隐私。如果我们把这个搞错了，危险将是深远的……我们可以同时做到既能开发出超棒的 AI 技术，又能制定出十分健全的隐私标准。这不只是一种可能，也是一种责任。"

从这段话中不难发现，库克对智能时代的认知和构想是全方位的，不仅考虑了人工智能可以为人类做什么，还考虑到它可能带来的隐患和风险。否则这种技术即使运用得再好，也可能是昙花一现的"黑科技"。而如果苹果最终推向市场的是一个半成品，那就等于破坏了苹果的"第一性原理"，成为一个只会为了玩噱头的炒作型企业。

库克曾经亲眼见证了 iPhone 对智能手机领域的推动性革命，他也享受过身为苹果一员的特有光环，而一旦品尝过胜利的滋味，就永远不会接受失败。

库克深知当下的 IT 产业早已陷入红海，苹果如果不能继续领跑时代，总有一天将再难以通过品牌号召力收获"信仰用户"。那么他要做的就是带着团队朝着一个可以让苹果大有作为的新战场突进，那里曾经是苹果闪耀高光的地方，苹果也有可能在那里迎来下一个被称为领跑者的时刻，那里就是属于智能时代的产品市场。

04
如何喂饱企业客户

2020年11月20日,很多"果粉"看到一条新闻后瞬间不淡定了:苹果和美国电信巨头Verizon宣布推出了一个名为"Verizon 5G Fleet Swap"的计划,内容是企业客户可以通过零预付费用的方式,每月以较低的费用甚至零费用把手中的任何一款智能手机升级为iPhone 12。自然,对于个人客户来说,如此优惠的待遇怕是享受不到的。

虽然苹果此次出手大方,但"重视企业客户"其实并非苹果的传统,甚至在乔布斯时代,企业客户反而是最不被重视的群体。

乔布斯生来倔强,只要被他认定的事情,通常很难有回转的余地。曾经有一位企业主管对乔布斯表示:如果能够在iPhone上增加一些功能就会下大额订单。想来,这位主管应该指的是和企业日常办公相关的功能,也算合理要求,然而这个提议遭到了乔布斯的漠视甚至冷嘲热讽。当然,苹果内部也有人"胆大妄为"地劝乔布斯重视企业客户,然而乔布斯早就准备好了答案:黑莓重视企业客户,可今天还有几个人在用它的手机?

事物的两面性让乔布斯把企业客户晾在一边,但是库克不赞同这种做法,在他看来,企业安身立命的根本是利益的最大化,这也是企业发展的首要目标,何况企业客户带来的利润并不算少。

套用今天人们对库克的评价模板,这又是他"商人思维"发挥主导作用了,不过这一次库克无疑是正确的。事实上,库克一直很重视市场对苹果产品的反馈。通过调查和倾听，他得知很多企业家呼吁苹果多留意企业客户，而这个调研环节是乔布斯时代被削弱甚至直接无视的，因此库克打定了主意：抛弃旧观念，重视企业客户。

或许有人会说，这不过是库克在接替乔布斯之后为自己树立的工作原则罢了，毕竟不能当乔布斯的复制品。但事实并非如此，早在库克还是临时CEO时，他就已经意识到苹果在企业客户管理方面的短板，为此他频繁地和各大企业的领导者接触，充分展现他友善温和的社交形象，让不少企业家终于发现：原来苹果并不是个傲慢的厂商。最终在库克的努力下，苹果收获了一大批企业客户的订单。

苹果最大的分销商之一——英格雷姆麦克罗公司，是世界最大的技术产品和供应链服务供应商。在和苹果多年合作的历程中，英格雷姆麦克罗多次提醒苹果要注意开拓企业用户市场，因为经过调研该公司发现，企业用户对iPad的需求十分旺盛，因为它能够实现随时随地的快捷办公以及日常管理，尤其是在向合作伙伴展示项目内容时，只要拿出iPad往往就能让人眼前一亮。

如果换成是乔布斯，他可能会有兴趣了解iPad在企业中的应用场景，由此为它增添新的功能，但他很难跳到"完善产品"这个维度，从商业角度发现问题所在，而这个问题被库克抓住了。库克发现，和iPad相比，安卓系统的平板电脑在企业中没有对等的影响力，而如果苹果趁此机会巩固企业用户市场，就能把竞争对手挤出这块具有潜力的市场。

安卓平板电脑是在2010年进入市场的，由于大多数应用软件并非为平板电脑量身打造，而是从PC平台简单移植过来的，所以并不符合触屏操作逻辑，使用体验一塌糊涂。而iPad有专门适配的软件生态，企业可以直接批量配发给员工，加之价格差距不大，所以iPad深受企业客户欢迎。库克经过对比分析后坚定了借助iPad征服企业客户市场的决心。

事实证明，库克的这一决策为苹果赚取了高额的利润。在2010年，财富100强公司中有超过40%的公司正在部署测试或准备发放iPad。除此之外，很多中小企业也青睐iPad，因为它只需要搭载一个物理键盘就能完成"轻度办公"，在便携和续航方面又远超笔记本电脑。

实际上，深受企业客户欢迎的还有iPhone。当初苹果创建应用商店的动力之一就源于企业用户，当时很多企业用户提出要苹果为销售员和普通员工开发专属的应用程序，库克接受了建议，这才有了对苹果软件生态至关重要的应用商店。

眼看着企业客户市场被逐一攻占，库克又抓住机会和Unisys（译为"优利系统"，一家专注信息传输、软件和信息技术服务的企业）合作，借助它的网络维护能力和信息服务能力，为企业客户提供应用软件的生态服务。此外，库克还依靠300家零售连锁店的营销功能，通过主动出击的方式增强苹果产品对企业用户的吸引力。同时为了拿下目标客户，库克还增加了销售人员的数量并增设了专门的岗位，针对企业客户展开营销活动并提供技术支持。

库克征服企业客户的脚步并未就此停止，他力主苹果与美国第二大移动运营商AT&T合作，借助其深耕市场多年的能量帮助苹果直接向企业销售iPad并提供折扣服务。库克的主张很有远见，AT&T成立于1877年，曾经长期垄断美国的长途和本地电话市场，积累了大量的企业客户信息，苹果与AT&T合作不仅便于销售iPad，而且能借助对方积累多年的客户资源和信息资源争夺PC用户市场，谋划更大的棋局。

那些不认可库克能力的人只会把上述行为看成是库克趁机用iPad大捞一笔而已，依然出于他的"商人思维"，可事实并非如此。2015年，库克在旧金山举行的BoxWorks大会上公开表示：企业市场绝非苹果的"业余爱好"，他和他的团队会更加认真地向工作场所推销硬件和软件，甚至不介意和微软等宿敌展开合作。

在盛大的会场发表这种言论，足以证明库克已经把企业客户当成苹果的重要目标客户群体，这也是苹果转型计划中的一部分。苹果从创立之初瞄准的就是个人用户，而乔布斯时代的一系列操作又加深了人们的印象，然而时过境迁，现在苹果必须抛弃一些陈旧理念了。

从这个角度看，库克的确是一个有魄力、敢想敢为的CEO，纵使他多年生活在乔布斯的光环之下，也依然保持着独立思考的习惯。他并不介意被人指责"忘本"，因为他更在意的是苹果的前途和命运，而这也恰恰是乔布斯把帅印交给他的原因——他相信库克能够为苹果赢得未来。

实际上，对企业客户的轻视并不只存在于苹果一家企业中，其原因也许是消费硬件市场和企业硬件市场长期处于脱节和分化的状态，也就是说企业客户不想用甚至用不了消费市场的产品，反之亦然。为此库克还举了一个生动的例子："如果你想要一部智能手机，你不会说，我想要企业版智能手机……你也不会使用企业版的钢笔。"

认真分析这段话你会发现库克的大局观：他并非单纯地要开发出一款产品或者营造一个软件生态去迎合企业客户市场，而是想通过兼容并包的方式将消费市场和企业市场整合在一起，实现"天下大同"，这样一方面能减少苹果单独针对企业客户的投入，另一方面也能促使苹果的硬件和软件市场消除割裂与隔阂。从宏观的角度看，库克的这种谋定是有利于整个行业的进步的。为此，库克也把话挑明：苹果目前希望迎合所有脱离办公室的电脑后使用iPhone和iPad办公的人……这不仅适合苹果，也适合所有希望在当今时代取得成功的企业。

由此看来，库克不仅要征服企业客户市场，还要把这块市场和其他市场完美地拼接在一起。这个目标很远大，实现它也很困难，但库克还是选择坚定地走下去。

大目标必须有大格局，为了将消费市场和企业市场的软件生态进行融合，库克从2014年就开始与"老东家＋老对手"IBM接触，最后达成了合作框架：IBM负责开发软件，苹果则提供设计和易用性方面的支持，合作领域覆盖 iPad 和 iPhone，而优化的应用正是 iOS 系统。

把 iOS 系统推向企业市场的确是在下一盘大棋，但库克有自知之明，他清楚苹果的短板是缺乏深耕企业应用软件的能力，而 IBM 则是这方面的专家，所以库克要发挥苹果简洁开发的能力进行辅助性工作。从这一点又不难发现，库克可以为了大目标与宿敌合作，因为他从来不笃信零和博弈的逻辑，他认为只要找到利益的契合点，合作的收益往往会超过竞争，正如他自己所说："与微软合作对我们的客户有利，这也是我们这么做的原因，我不是记仇的人。"

如果说乔布斯为苹果的发展设定了规则，那么库克就是在遵循这些规则的前提下引领苹果继续发展，但他也不会死板地被规则"框死"，而是会根据时代和市场的变化进行规则的"版本升级"，在大框架不变的前提下为苹果争取更多的生存空间。

05
责任制：造粉最强机器说明书

一家有产品创意的企业可以在短时间内借助推陈出新的设计吸引用户，但如果想要走得更远，还必须本着服务用户的心态对消费者负责，把创意产出视为对用户实际需求和使用体验的保障。

2022年9月，波士顿咨询公司公布了年度全球最具创新力的50家公司榜单，苹果连续第二年位居榜首。

如果单从"创新力"的角度看，这个排名证明了苹果拥有强劲的创造力，但如果深入分析会发现，苹果的创造力是通过组织创新来完成的。正如库克公开介绍的那样：他给予团队自由讨论和自由分享的权利，让每个人的想法都有机会转化为生产力，这样苹果才能源源不断地汲取高价值的创意。换句话说，苹果是首先完成了组织创新，然后才有了产品创新。

那么，苹果的组织创新体现在哪里呢？除了上述提到的"创意自由"之外，还有一个重要的组成部分，那就是问责制。

或许在某些人看来，"创意自由"和"问责制"是矛盾的：既然给我自由创意的机会，为什么还要用制度来约束我？这不是"戴着镣铐跳舞"吗？没错，这就是苹果在组织创新上掌握的尺度：用"镣铐"来驱动"有合理创意的舞蹈"。

创意是一种灵感的迸发，如果它不受约束的话，就可能产出华丽而无用的产品和服务，最终降低甚至破坏用户的体验。所以从企业的角度看，创意必须被合理约束并形成责任机制，让每个人都能对自己的创意负责，而并非以创意为借口，逃避"无价值创意""低价值创意"带来的后果。当然，这里所说的"创意"是一个广义概念，不仅包括对产品的创造力，也包含日常工作中解决问题的方法以及认知思维等，是一个抽象的"工作思想"的总和。

对库克来说，他要管理的就是这个"总和"，因为只有对它进行约束和问责，才能让苹果的创意路径保持健康的上升曲线。

在世界知名企业中，苹果的问责制度是比较出名的，甚至成为企业文化的重要组成部分。在乔布斯时代，他每个星期都要召开几次例会，向员工宣传责任制文化，让大家在讨论项目进展的同时明确职责，形成对产品和用户的责任机制。

苹果之所以重视问责制度，是因为苹果为了让员工专注工作，提高工作效率，在日常工作中并没有设置烦琐的工作流程。在加入苹果之后，库克被这种开明的工作机制所吸引，而他在成为CEO之后也继承并发扬了这种问责精神，其中最值得一提的就是完善了DRI制度。

DRI的全称是"Directly Responsible Individual"，翻译为"直接负责人"，是一种由某个人负责某项具体工作的责任制度，一旦出现问题可以清晰地追查到个人。实际上，DRI并非处理过程，也不是任务管理的框架，它只代表一个负责人。那么问题来了，谁能成为这个负责人呢？

通常DRI都是由工程团队的队长或者工程项目经理来出任，因为他们能够站在项目全局的角度来思考问题，比如某项创意与产品的结合程度够不够、能否满足用户的实际需求等等。如果在讨论的过程中出现分歧，那么所有人都应当服从DRI，因为他们是最了解项目、产品和用户的人，知道如何把想象力和生产力相结合，也知道如何把执行力和品牌影响力相结合，所以很多时候DRI可以跨部门、跨职能而存在。

在苹果内部的会议上经常会有人喊道："谁是DRI？"由于有了明确的

责任人且掌握足够的权限，DRI便能对产品增强把控，让产品在创意概念、外观设计、功能参数、实际体验等各方面都能符合预期。

库克对于DRI制度是认同的，但他并不认为这个制度是完美的，因为责任明确只是问责制的一个方面，另一个方面是需要做到组织简化，这样DRI才能在推进项目的过程中受到最小的阻力。

库克多年和中下层打交道，在管理方面有着丰富的经验，他很清楚一个臃肿的组织机构是配不上一个优越的问责体系的，因此他一直强调要把组织简化当成苹果组织架构管理的核心。

简化再简化，这其实不是库克在修改甚至否定DRI制度，相反，这是他充分吸收乔布斯管理理念之后的融会贯通。乔布斯一直倡导简约主义，所以苹果的分支部门设置得非常少，每个部门都承载着多项功能，为的就是让工作效率提升到最高。对此，库克进行了精确的总结："这（组织管理）就像是摄影一样，战略聚焦也同样需要配备镜头，公司要透过它来对各项业务进行审查，比如生产产品的种类、市场销售情况、品牌建设情况等等。"

摄影师为了突出主题，会通过让背景虚化的方式让人们聚焦视线，从而拍摄出有层次感的画面。组织管理也是如此，只有聚焦在几个核心的组织和角色上面，才能对下阶段的业务目标产生清晰的认知。

以苹果的产品设计为例，设计师可以在创意阶段脑洞大开，放飞想象力去设计新产品，在这个阶段他们是绝对自由的；但是当他们的设计稿或者设计样品出来之后，DRI会马上进行审核与讨论，然后让设计师在第一时间内获得反馈信息，而在这个阶段，设计师就不是绝对自由的了，他们要根据DRI的建议调整设计理念或者样品，甚至可能推倒重来。在这个创意产出的过程中，可以提取出"创意自由""创意受限""问责制度"等多个关键词，而这一切最终的原动力就是苹果的组织创新，也是库克最看重的组织管理的核心。

和乔布斯相比，库克的确会给予团队更多的自由，但这并不代表他在组织管理上是"温和派"，而可以称得上是一个"攻心派"。如果有员工惹恼了乔布斯，乔布斯会劈头盖脸地骂对方，而库克会保持原来的声调不断提出问题来追根溯源，让对方必须交代出为何会犯错、犯错是否和其他人有关。可见，库克虽然姿态上比乔布斯温和，却更有一种精神上的压迫感。

从这种沟通方式的差异就能看出：乔布斯虽然也重视问责制，但更多时候是把它当成一种工具和手段，而库克是真正想要将问责制融入工作的每一个环节、每一处细节之中，培养员工养成"问题到底出在哪里""责任到底在谁"的纠错思维。事实证明，这种沟通方式极为有效，库克的"攻心提问"让很多员工常年保持高度的专注力和责任感，因为他们不想被库克随时提出的各种问题问倒。

库克对细节的"吹毛求疵"，看上去有些不可理喻，但其实这就是对问责制的具象化，让每个人都成为自己的 DRI：对每一个数字负责，对每一段代码负责，对每一次发言负责……正是通过这种强化记忆，库克潜移默化地训练员工规范思考方式和创意模式，摆脱那种随性的、主观的、天马行空的工作态度，因为这些对苹果的长远发展是有害的。

当然，库克并没有忘记"戴着镣铐跳舞"是组织创新的原则。虽然他在细节上严格要求员工，但还是给予员工一定的自主空间，这个空间里可以容纳创意的产出，也可以容纳决策的自主，只是每个人要对最终的结果负责，而库克也会询问他们相关的细节，就像他所说的那样："一切皆有可能，只要更努力，发挥创造力，尝试解决问题，我们就一定能做到。"

这就是库克，一个既能吸收苹果企业文化又能创造性地将其发扬的掌门人，他不会改天换地地否定前人，也不会亦步亦趋地照搬传统制度，而是能够平衡二者的关系，在保持苹果原有"味道"的同时注入自己的思考。

Chapter 7

团队建设：
集齐精英召唤业绩

01
新老交替：盘点库克的左膀右臂

苹果是库克的苹果，苹果又不是库克一个人的苹果。

截至2022年，库克已经稳稳地在CEO的位置上工作了12年，虽然一直存在质疑的声音，但他仍然是目前最适合掌舵苹果的人。不过，人总有老去的时刻，那么在库克之外，苹果就真的没有可以独当一面的人才吗？

有一种说法是，在苹果高层中随便找出一个人都能当CEO。虽然这是一句玩笑话，却也真实地反映出一个事实：乔布斯的确留给库克一批精英，没有这些人的辅佐，库克也必定独木难支，而在库克之外，这些人就是未来能继续承托起苹果事业的中流砥柱。

事实上，苹果的"梦幻团队"一直被外界所知，只是在乔布斯的光环下，他们不那么引起媒体的注意罢了。在乔布斯辞职之后，《华尔街日报》就曾经撰文写道："虽然至今并没有引起人们太强烈的关注，但是乔布斯背后一定有一群相当出色的辅佐良臣。"

乔布斯的个人魅力让他吸引了一大批志同道合且极富才华的"神仙"队友，他们拥有过人的创造力，同时也和乔布斯一样桀骜不驯。而这些人的存在对库克来说是双刃剑，他们既能帮助库克管理苹果同时又给他出了一个难题：只有获得这些元老真心的认可，他们才有可能全心全意为库克效力。

乔布斯留下来的精英基本上都是分管各个部门的副总裁，按照苹果内部的规矩，他们都有直接向库克汇报工作的权力，这些人中最有影响力的就是杰夫·威廉姆斯。

说来很有意思，威廉姆斯和库克的履历十分相似：他毕业于北卡罗来纳州立大学，在杜克大学并获得了MBA学位，是机械工程出身，和库克学的工业工程算是"近亲"专业，他在IBM工作过13年，在1998年加入苹果，当时负责采购以及供应链的管理和监督工作，后来又负责Apple Watch的开发工作。2015年，威廉姆斯被提拔为苹果的COO，而这个职位在库克升职为CEO后空缺长达4年之久。后来在首席设计师艾维离职后，威廉姆斯接管了硬件与软件设计团队。可见他是一个全面型人才，难怪被认为是苹果的第二号人物。

威廉姆斯为人非常低调，这一点又和库克比较相似，以至于有媒体把他称为"克隆版的库克"。他也的确像库克一样严肃认真，不喜欢在公开场合露面，所以几乎不被大众所熟知，外界对他的介绍都是"企业家，负责苹果运营业务的副总裁"之类的简单描述，让他神秘感陡增。不过，苹果内部的人对他非常尊重，因为威廉姆斯也是一个工作狂。他虽然一度年薪超过库克，却从不追求奢华的生活，常年驾驶一辆丰田凯美瑞，让人很难把他和苹果公司的二把手联系在一起。

尽管库克从未表示过要退休，但是如今他已经63岁了，而威廉姆斯是60岁，尽管二人年纪相差不大，不过在苹果内部还是有"威廉姆斯是下任CEO第一候选人"的说法。从二人的关系来看，库克和威廉姆斯可谓配合默契，他总是把重要的任务交给对方，比如在和富士康谈判的时候，威廉姆斯就被赋予了很大话语权，毕竟他的供应链管理能力不比库克差。他也负责过iPhone、iPod等产品的运营工作，拥有全局视角。所以如果威廉姆斯真的接替了库克，那也意味着他会以相似的工作风格管理公司，不会让苹果产生太大的震动。

当然，苹果内部不止威廉姆斯具有独当一面的能力，曾任全球市场营销高级副总裁的菲利普·席勒也是一员得力干将。他是1997年加入苹果的，内部对他的评价是："从技术上推动iMac、MacBook、Apple TV、iPad、iPhone等出色产品上市的大功臣。"这个评价丝毫不夸张，席勒在苹果从事市场营销工作已经30年了，正是凭借他出色的营销能力，苹果才能把iMac、MacBook、macOS、iPod、iPhone这些产品源源不断地推向世界各地。而他本人也积累了丰富的经验，甚至有人说他比库克这个一号人物还要出色。

席勒和库克也有很多相似之处，比如他待人比较和气，几乎不会发脾气，苹果内部人士评价他总是扮演着"桑丘·潘沙"的角色（堂吉诃德的忠实侍从），当然那时席勒"侍奉"的"骑士"是乔布斯。而在乔布斯离开之后，席勒依然支持库克工作。不过综合目前掌握的信息来看，席勒在苹果应该是半隐退的状态，2020年传出他卸任高级副总裁的消息，但官方没有公布席勒正式离职，所以他大概率是退居二线了。由于席勒和库克都是1960年生人，所以由他接替库克的可能性很小，毕竟接替者还是要锁定在那些年富力强的人身上，比如54岁的苹果软件工程高级副总裁克雷格·费德里吉。

费德里吉是一位学历过硬的高才生，拥有加利福尼亚大学伯克利分校计算机科学和电气工程的理学学士学位以及计算机科学的理学硕士学位。他在1996年加入苹果，比库克、威廉姆斯等人资历更深，不过他在1999年的时候离开苹果去了Ariba（一家软件信息技术服务公司，位于美国加利福尼亚州的森尼韦尔）担任首席技术官。2009年他又回到了苹果，开始主持macOS X的工程设计。2012年，他被提升为高级副总裁。

费德里吉是一位很有个性的领导者，他身上最闪亮的标签就是热情、风趣和谦虚，无论他走到哪里，都能带给人们愉快的即兴演讲，很受大家喜欢。在工作方面，费德里吉一直深耕苹果的软件生态，可以说是苹果产品"灵魂"的塑造者，因为他比库克、威廉姆斯等人更年轻，也具备了接班人的资格。

可惜的是,苹果的另外一些元老由于各种原因纷纷离开。比较著名的就是前面提到的总设计师乔纳森·艾维,他离开苹果后成立了自己的公司。还有资深的芯片工程师杰拉德·威廉姆斯,他曾经主导了苹果A7处理器到A12X处理器的研发工作。综合来看,苹果现在正处于新老交替的时期,在未来几年中可能还会有较大的人员调整。

当然,库克并不只是守着乔布斯留给他的班底,他自己也在不断招揽人才。比如在2017年,库克决定让苹果做原创视频内容,于是就从Hulu网站挖来了高管马蒂斯,还从传奇影业公司挖来了高管王珍妮,让他们加入苹果的原创视频部门。

对库克来说,管理一套乔布斯钦定的精英班底实属不易,因为这些人无论资历还是能力都不在库克之下,而他们也习惯了乔布斯的工作风格,所以在任职CEO的十几年间,库克做了大量的工作来适应这个"前朝团队",同时也尽力让这些元老认可自己。从现在苹果对库克的不断挽留来看,库克成功了,而他也以个人的经历向人们证明:苹果是一所要么成就你要么毁灭你的学校,结果不取决于苹果仁慈或者残酷,而取决于你的能力和态度。

02
挖掘个体潜质：你不知道自己有多强

身为企业的领导者，成败的关键不在于你自身的能力高低，毕竟你不可能专精于任何一个领域，而在于你能从团队中获得多少人才的支持并依靠他们的才能来解决问题，换句话说，领导者的价值不在于领导者本身，而是对人才的挖掘能力。

股神巴菲特在伯克希尔·哈撒韦的年度股东大会上盛赞库克是一位"出色的管理者"，甚至是"世界上最好的管理者之一"。巴菲特认为，库克是那种长时间不受重视的人，他用自己的方式进行管理，尽管在创意方面比不过乔布斯，但是在其他方面已经超过了乔布斯。

巴菲特对库克的赞誉是否名副其实呢？

当库克还是苹果COO的时候，他曾经在一个销售部门进行了一次预算审查，然后提醒大家，目前苹果战略的关键是增加收入，这也是企业发展的核心目标。然而库克提出这个目标时，却没有相应地为团队增加人手，这让很多人迷惑不解。于是，有销售主管立即向库克提出建议：想要增加收入是可以完成的，但需要引进更多的人手。在这位主管看来，增加人力资源是增加收入的基本保障，也是一般企业管理者能够认可的法则。然而让大家没想到的是，库克却根本不打算增加人手，他的观点是：如果企业对现有资源进行优化，那就可以做到在不增加人手的同时增加收入。

之所以会产生这种认知分歧，是因为销售主管沿用的是传统管理思维：人多好办事。而库克采用的是"效率思维"：1个精英顶过10个杂兵。如果按照传统思维，苹果想要设计出优秀的产品，那就要大量引进设计师和产品经理，因为人越多，提供的想法也会越多。但这其实是一厢情愿的想法：人越多，矛盾也会越多，往往会出现产品创意一箩筐却无法真正转化为利润和口碑的情况。这种思维方式的弊端在于只看到了不断叠加人力带来的"动能"，却忽视了人力堆叠造成的资源浪费。

相比之下，库克的管理思维则完全不同，他口中的资源主要是指人力资源的最大值，也就是一个人才"榨干"后的价值，这里当然不是指加班、超强度负荷这种工作方式的"榨干"，而是指让人才最大限度地挖掘自身的潜能，把他们的能力从普通的、良好的等级提升到出色的、绝无仅有的等级。虽然同样也是在增加动能，但这种动能是基于个体潜力挖掘的"纵向动能"，而非仅仅依靠人才基数的增加而获得"横向动能"。

从表面上看，库克的这种思维方式有些"资本家的冷酷"，但其实他看到了很多企业普遍存在的问题：团队中的确有一部分人的潜能没有被充分挖掘出来，在这种情况下贸然引进新的人才，只会造成人力资源的浪费和责任所属不明，而解决这个问题的关键是领导者挖掘人才价值的能力。

那么，库克是如何解决增收不增人的矛盾的呢？

为此，库克改变了传统销售部门的运作方式，以能力作为核心标准，利用销售周期中最好的行业专家和销售人员，让该部门获得了两位数的年增长率。这个方法的精髓其实不难理解：一般销售部门都会按照区块、网格划分出不同的销售小组或者是以个人为单位，这属于各自为战的打法，能力强的人被区域划分限定了业绩上限，能力差的人又无法吃透区域内的客户资源。而库克则打破这种运作模式，不给能力强的销售人员设限，让他们发挥最大才干，同时搭配业内资深的专家，以拿下最多的目标客户。

需要注意的是，库克的这个方法不能简单地理解为"能者多劳"，如果是这样的话那就是一个人才分配的问题了，该方法的核心在于给能者更大的舞台，让他们有机会了解自己真正的潜能。现实中，很多才能出众的销售员总会遇到一个限制其才能发挥的天花板，可能是企业的资源所限制，也可能是个人眼界所限制，但库克要做的就是打破这些限制，给人才一个真正"放飞自我"的机会——这才是挖掘人才价值的关键。

想必巴菲特盛赞库克，也是看到了他作为企业领导者的核心价值所在——他是一款"功率放大器"，能够把90分的优秀人才变成100分甚至更高的杰出人才，而随着个体潜能的不断挖掘，整个团队的能力也会水涨船高，进而带动苹果整体的竞争力提升。

除了在销售方面挖掘人才价值，库克在设计方面也注重发挥精英的才干。他认为只有精英才能设计出近乎完美的产品，才能满足挑剔的用户，所以他对设计团队要求很高，这不是身为领导者的权力霸凌，而是不断驱使每个人发现自己的潜能。

当年iPod推向市场时，一些人将其解释为"idiots price our devices（译为"白痴为我们的装置定价"），显然对iPod存在诸多不满，甚至有人认为这就是一款多余的产品。但是库克并没有被外界的嘲讽干扰，反而由此意识到iPod还不够完美。那问题该如何解决呢？当然不是招募新的设计团队，而是不断驱使设计团队通过用户的反馈来对iPod进行完善，最终把它打造成了一个"爆款"产品。

从另一个角度看，挖掘人才的价值就是挖掘苹果的价值，因为只有把苹果的创造力开发到极致，才能诞生"卓越体验的革命性产品"，才能真正打动每一位用户。当然，挖掘价值是需要耗费心力的，所以库克经常会告诫团队：要认真思考用户到底需要什么样的设计和功能。在他的"逼迫"之下，设计团队终于找到了灵感，他们深入研究了重力感应系统和多点触摸技术，让iPhone、iPod等产品获得了质的提升，用户体验感大大增强。

库克独特的管理方法让苹果各部门的团队都养成了精英文化的氛围，

这种氛围驱动员工勤于思考、严于律己并富有危机意识，不断挑战自己的能力上限。为此，苹果的人才也呈现"动态"：顶尖人才被归类到A团队中，能力稍差的就被编入B团队乃至C团队。而库克要做的就是不断从底层的团队中挑选精英进入到A团队，最终淘汰B团队和C团队。

库克曾说："在传统服务或制造领域，例如厨师和出租车司机，精英和普通人的产出差异并不大；但在苹果公司涉及的前沿和创造性领域，精英和普通员工的产出差异是十倍，甚至几十倍。"站在他的视角看，苹果需要的精英并不是"只高出普通人一点"，而是要在某个领域中绝对优秀，因为苹果的企业使命是引领行业进步和推动时代发展，它的竞争对手原本就不是普通人和寻常企业，而是同样具有强大竞争力的世界级大公司，所以精英的标准必须足够高才能有与对手奋力一搏的机会。

03
开发团队潜能：向心力创造一切

2016年，一向敌视苹果的特朗普当选为美国总统后，苹果股价下跌了超过2％。股价的下跌也让苹果内部发生了震动，库克感受到大家的这种负面情绪，于是马上给全体员工发了一封邮件，安慰并鼓励大家要携手前进。在这封信中，库克说了这样一句话："我们有着非常多元化的员工团队，其中包括每一位候选人的支持者。"

库克的这段话能体现什么呢？是苹果的包容性。所谓的包容性绝非一句口号，它体现在苹果不仅允许有不同个性的员工存在，甚至也能包容不同政见的员工在一起工作，而这就是库克强调的"团结合作"的关键。

像苹果这种拥有数万名员工的大型企业，面临的最棘手的问题就是如何将这些千差万别的员工紧密团结在一起，发挥各自潜能，为苹果创造价值。身为CEO，库克一方面懂得要挖掘人才价值，另一方面他也要注重开发一个团队的工作潜能，这就涉及如何团结人才的课题了。

乔布斯曾经提出过一个著名理论——"向心力"。2004年，乔布斯在接受媒体采访时说："不少科技公司其实都拥有大量了不起的技术人员和聪明员工，但最终我们必须拥有一种'向心力'，使这些人员能够协同工作。如果做不到这一点，大量了不起的技术无法形成整体，而是杂乱无章地飘荡在宇宙当中。"

虽然乔布斯在人才管理方面风格粗犷，但是"向心力理论"却非常经典，也符合苹果这种超级企业的运作模式。因此库克出任CEO以后，他并没有抛弃"向心力理论"，反而着力实践并将其发扬光大。

不过，乔布斯的"向心力理论"存在一定的局限性，那就是倚重公司里的几位元老和超级精英，比如当时负责产品设计的乔纳森、负责移动软件开发的斯科特以及负责硬件技术的鲍勃等。不过，随着一些元老的离开和老去以及苹果经营规模的扩大，把几个人当成"圆点"的向心力驱动变得不现实了，所以库克对该理论进行了微调，主要体现在以下两个方面。

一方面，库克把自己当成苹果各支团队的黏合剂，让所有团队先变成一个整体，然后才有"向心而动"的意识和力量。

黏合团队并非库克一厢情愿的想法，而是他加入苹果二十多年来的经验总结。遥想当初，库克被乔布斯"BOSS直聘"进入苹果时，亲眼看到一个烂摊子是如何慢慢吞噬苹果的，虽然公司上下不缺人才，但当时的状态就是一盘散沙。库克明白这不是个人的问题，而是团队的向心力出了问题，因此他耗费大量的精力用在整合团队上，终于帮助乔布斯渡过了难关。

由于黏合了各支团队，在接下来的几年中，苹果相继推出了很多明星产品，比如iPod、Apple Watch等，在这些产品的背后，支撑它们的是出色的硬件设计、软件设计以及产品营销等多方面的合作，可以说任何一个环节出问题都会影响整个产品的最终市场表现。从这里可以看出，库克管理团队的思路非常清晰：既然生产链条是环环相扣的，那么团队合作也必须是极度默契的。

另一方面，库克让团队不单纯围绕元老或者精英而产生动力，而是通过树立全局观，让大家自发自主地寻找"圆点"向心而动。

在苹果面试员工的时候会特别提出一条要求：能够和团队协作。在苹果看来，现代社会中通过单打独斗获得的价值终归有限，只有通过协作，利用团队之力才能创造无限的价值。库克坚定地贯彻这一准则，而随着苹果从低谷攀上高峰，他对团队合作也越发重视。在库克看来，团队协作不仅是一种人力资源的调动方式，更是全局观的展现，只有将能力和观念充分结合，才能缔造出伟大的产品，从而增强苹果自身的创新能力和竞争力。为此，库克不断要求大家增强主观能动性，要意识到自己在团队中能够发挥何种作用，然后将个人的力量和团队的力量相结合，确保团队高效、和谐地沟通，把分散的个体汇聚为统一的整体。

库克倡导增强员工的主观能动性和团队协作意识，将团队的向心力、凝聚力全面提升，保障团队能够顺利有效地进行沟通和协作，将分散的个体整合为统一的集体，从而促进整个企业的高效率运行。

和乔布斯相比，库克在人才管理方面更加细腻，他很少把视线聚焦在"苹果有多少精英"这个问题上，而是认真思考"苹果能整合多少精英"，他更加强调团队精神的重要性。因此在刚成为CEO之后，他就把工作目标设定为："打造有力的管理团队，努力调动每一个成员的工作积极性。"

团结并非喊喊口号，而是需要持续不断的沟通来统一认识。为此，库克几乎每个星期一上午都要把苹果的核心人物召集在一起，一方面了解各类产品的销售情况，另一方面调整之前制定的战略战术。每次开会之后，库克都很有成就感，经过他多年的努力，团队的协同意识已经越来越强，能够为公司贡献出很多绝妙的点子。所以他才不无感慨地表示："苹果的管理团队睿智无比，并拥有乔布斯所倡导的创新意识，追求完美已成为这个团队的习惯。"

乔布斯虽然也重视团队的力量，但相比于库克他显然还是更加相信自己，他认定的事情，基本上不会去征求别人的意见。只不过乔布斯的确是不世出的天才，他在人才管理方面的某些粗糙之处被他的个人才华掩盖了。但是库克不同，正因为他深知自己在创造力方面和乔布斯的差距，所以他特别在意团队的想法，他可能会为一个小问题给某个员工发电子邮件，时刻了解大家的思想动态，同时审视自己是否做出了正确的决策。

库克为了了解员工的想法有多拼呢？他经常会去苹果的自助餐厅和员工一起用餐，期间会通过聊天来了解员工的想法。在这种沟通氛围中，他会抛弃CEO的身份，而是站在员工的视角思考问题，一方面拉近了与员工的距离，另一方面也获得了发现问题的新视角。通过这种高层和基层的深度交流，能够规避企业发展中产生的很多弊病。

在苹果内部看来，乔布斯更重视对产品设计的投入，而库克则更关心金融和社会公益。很多员工也承认库克领导下的苹果比乔布斯时代拥有更加宽松的工作环境，当然这并不意味着库克在管理上放松要求，恰恰相反，他会让员工精于细节，因为这是在"重塑苹果员工的工作和思维方式"。

没有统一的认识，就不会有向心力的凝聚。当然，仅仅了解员工的想法，以及驱使他们和团队保持着相同的认知水平是不够的，还要让他们在团队中产生成就感，这样才能推动整个企业实力的提升。

苹果内部有一个特殊的部门叫教育培训部，其成立初衷是为了提升员工专业技能，却一直不在苹果的正式组织架构中，看起来好像自由度很高，但因为脱离一线，导致培训内容往往跟不上苹果的实际需求。2012年，库克决定重组教育培训部，将这个部门拆分为销售和营销两大职能，并将其规划为公司级的业务部门。这样一来，苹果内部就不再单独对员工进行能力培训了，而是直接增加了两个实战部门。不难发现，这又是库克启动了"商人思维"的结果：为实用而存在。

或许，正因为库克在乔布斯面前稍显"平庸"，所以他从不把个人的能力当成是企业发展的助推器，而是把视线聚焦在一群人身上。他崇尚团队的力量，因为只有它能够跨越时间和空间，不会被伤病和失误击倒；因为团队的容错率比个人更高；也因为有了团队的支撑，个人的优秀才能有了发挥的余地。这就是库克和乔布斯在团队管理上最大的不同：乔布斯会说"请你们相信我"，而库克会说"请让我相信你们"。

04
抢人大战：因需求而不择手段

作为世界顶级企业，苹果自然能吸引很多优秀人才到自己麾下，但这并不意味着苹果不缺人才。随着市场竞争愈发激烈，"抢人大战"正在各个行业中轮番上演，因为企业都明白一个道理：谁掌握了人才，谁就掌握了未来。

2015年10月15日，美国《连线》杂志报道了一则消息：库克在不久前刚刚宣布，苹果全体员工都将有资格获得公司授予的股票，其中包括零售和售后员工。对这个超级福利，库克是这样解释的：尽管苹果员工一直都可以折价购买公司的股票，但只有少部分员工有资格获得公司授予的限制性股票，这一次政策调整是让所有人都享受"被挽留和被激励"的待遇。

当年苹果为了挽留库克赠送了他大量的限制性股票，这是硅谷常见的激励人才的办法，不过将赠予目标扩大到全体员工却是史无前例，看来库克对现有人才的重视程度逐渐提升了。后来苹果将这项激励政策常态化，2022年苹果宣布将在未来几个月向员工每人发放价值2500美元（约合人民币1.6万元）的限制性股票作为奖励，虽然没有提及具体覆盖人数（比如是否涉及新入职的员工），但覆盖范围在90%以上。

如果说挽留和激励员工是一种"温馨和睦"的人才政策，那么争夺和挖掘其他企业的员工，就显得有些"残酷无情"了。事实上，库克领导下的苹果还真的搞出了一波又一波的人才争夺战,场面堪称"血雨腥风"。

2016年,特斯拉因为Model 3的研发问题导致销量和口碑发生重大危机,公司资金链断裂,马斯克面临着关门大吉的危险。陷入绝境的他想到了苹果,于是他开出十分之一的市价请求苹果收购特斯拉,然而库克连马斯克的面都没有见,马斯克只好重整旗鼓,放弃了出售特斯拉的念头。

那么,库克为什么不打算收购特斯拉呢?这与后来苹果宣布要进军汽车制造业的举动似乎有些矛盾。不过仔细想想,这可能是因为苹果对汽车制造的理解和马斯克存在很大出入,所以收购特斯拉并不能帮助苹果在汽车制造领域快速发展,反而会被特斯拉当时的负面情况所拖累。但是,库克对特斯拉现有的人才却十分感兴趣,从2018年到2019年,苹果陆续从特斯拉挖走了300名技术人员,为接下来布局汽车制造业做好了人才储备。

如今,苹果智能汽车已经处于测试阶段,而特斯拉虽然已渡过了危机成为新能源汽车的领军者,但未来是否还能制霸市场仍然存在未知数,库克的这次"抢人"行为对特斯拉造成的潜在威胁无法预估。

如果说特斯拉是苹果的"新仇家",那么老冤家英特尔也因为人才问题和苹果结下了新梁子。

一直以来,苹果对英特尔重金打造的5G基带核心研发团队"虎视眈眈",《华尔街日报》就曾经披露过苹果打算预收购英特尔的相关研发部门,然而英特尔却报价数十亿美元,这是一个让苹果无法接受的价格。2019年,就在媒体等着苹果和英特尔的谈判进展时,这场谈判忽然宣告破裂,原因是苹果已经"拿到"了想要的东西——英特尔负责5G基带技术最核心成果的一位研发主管,此人已经正式加入苹果,送去了技术和经验以及英特尔的研发进度。

这一招着实又高又狠,库克表面上和英特尔谈收购来麻痹对方,暗中则搜罗苹果需要的技术人才,可谓费尽心机。此举自然也让英特尔大为光火，不过和英特尔比起来，高通的愤怒值似乎更胜一筹。

在移动芯片和无线通信技术领域，高通是一等一的霸主，就连苹果也不得不对其畏惧三分。早在2G时代，苹果就打算和高通合作，然而对方开出了天价的专利使用费。后来进入了3G时代，由于专利垄断，苹果想不合作也不行，只能接受高通提出的一系列霸王条款。进入4G时代，苹果还是没有找到合适的供应商，就只能继续和高通合作。然而库克不愿再受高通的气，最终和高通撕破脸皮闹上了法庭，结果是苹果花费21亿美元购买了基带，却还要支付28亿美元的专利费用，相当于花了两次的钱。因此库克始终没有放弃对5G基带的研发，毕竟技术只有掌握在自己手中才不会被人要挟。

2019年，苹果开始组建属于自己的5G基带芯片团队，由苹果副总裁亲自带队，在加利福尼亚州的圣迭戈市成立了一个可容纳500人的办事处，并且持续不断地招兵买马。讽刺的是，高通的总部也在圣迭戈市，库克摆明了是要在高通的家门口抢人。

或许有人认为，这是库克在耍小孩子脾气，故意气高通，但库克不可能如此幼稚肤浅，他深知5G技术的重要性，而如今全球的5G基带技术翘楚除了高通就是华为，苹果没有机会去华为挖人，只能死盯着高通不放。把办事处设在了高通的大本营，一方面能最快地收集技术信息，另一方面也是在向高通宣告与之死磕到底的决心。对于高通而言，苹果的这次发难的确威胁性很强，毕竟只要苹果开出够高的价码，就不怕没有人才被挖过去。由此可见，未来关于5G技术的比拼还会更加精彩纷呈。

在元宇宙成为众多公司发力的目标之后，VR和AR技术人才成为各大企业争夺的目标。虽然库克对元宇宙有着自己的理解，但在大方向上仍然和其他企业处于同一赛道。2021年，Meta公司从苹果招聘了100多位工程师，公然从库克手中抢夺人才，当然库克也不甘示弱，从Meta挖走了不少人才，其中包括一位工作6年的AR公关负责人。而苹果再次通过发放限制性股票来留住人才。对 Meta 来说，财大气粗的苹果如此步步紧逼，未来势必在元宇宙领域对其造成严重威胁。

虽然近几年全球经济陷入低迷，但库克在挖掘人才方面还是舍得投入重金。他之所以从特斯拉、英特尔和 Meta 挖人，是基于苹果未来发展战略的需求，这不能简单理解为想给对手使绊子；对高通宣战、做出挖人的姿态，也不是单纯地吓唬对方，而是真的要放手一搏，为苹果争夺更大的生存空间和自主权。

从乔布斯时代开始，苹果就逐渐建立了属于自己的规则：能自己研发的绝不交给外人。在库克接替乔布斯以后，他坚定地执行了这条政策甚至态度更为坚决，所以才抛弃了英特尔开发出了 M 系列芯片。对库克来说，他心中的不安全感要比乔布斯更强烈，因为他身处的时代比乔布斯的时代更为复杂险恶，为了消除这种不安全感，他必须让苹果掌握更多专利技术，不被任何霸王条款所要挟，这样既给了苹果安全感，也给了他以成就感。

05
去中心化：硅谷不是唯一的人才孵化器

乔布斯被称为"硅谷传奇"，所以苹果在世界范围内的知名度很大程度上也是和硅谷绑定在一起的。不仅如此，当今互联网产业、IT产业的很多巨头都和硅谷有着密不可分的关系，比如谷歌、英特尔、特斯拉、Meta、惠普、英伟达等等。当然，硅谷和苹果的关系绝不只是单纯的地缘关系，它代表着一种美国色彩的企业文化。

正如人们常说的那样，硅谷的成功之处在于，很多像苹果这样的企业可以通过海外低廉的劳动力和相对宽松的法律法规，让供应链从本土延伸到全球。乔布斯当初也是雄心勃勃地想要建立属于苹果自己的工厂，但是经过实践发现，在美国本土发展制造业并不现实，所以他转而参考了硅谷其他企业的做法，将供应链投放到海外，这才让苹果成功减负，轻装上阵。这样一来，硅谷只保留了较少的制造劳动力，专注于快速推出原型产品的专业外包公司。

一方面，苹果、谷歌等优秀企业带火了硅谷，另一方面，硅谷也为这些企业源源不断地提供优秀的人才。由此，双方形成了孕育和反哺的关系。然而，这种关系真的能长久吗？

2021年，彭博社报道了关于苹果人才政策的最新消息：苹果正在努力将岗位朝着硅谷之外的地方分散。消息一出立即引发热议，毕竟硅谷可以算是苹果的人才摇篮，如今为何要反其道而行之呢？然而事实与人们的习惯认知恰恰相反：苹果因为硅谷的高昂生活成本正在不断地流失人才。

了解硅谷的人都知道，这里的开销绝非普通人能够承受，哪怕生活在这里的高级工程师也负担不起，仅孩子上大学的费用就让不少家庭无力支付。在库克提出重返办公室的要求后，不少员工却依然坚持居家办公，这不是大家想集体偷懒，而是实在不想承担硅谷高昂的生活成本。

那么，库克是如何看待员工的反应的呢？作为一个在硅谷生活多年的人，他当然知道员工的难处，但是他考虑问题必须立足于苹果的发展大局。以工程师这个岗位为例，这些员工们需要的并非消费级的个人电脑，而是工业级的设备，这是苹果自身的业务属性决定的，所以居家办公要么无法完成工作，要么效率极其低下。但是，库克也并非专断粗暴的人，他早已意识到如今的硅谷已经缺乏了对人才的吸引力，很多有价值的员工并不想永远留在这里，他们当初到这里不是怀着大展宏图的想法，而是来此学习、镀金，终极目标是去那些更适宜居住的地方。

实际上，不仅员工要承受较高的生活成本，苹果也承受着更高的运营成本，其中就包括在人才争夺战中投入的成本：由于硅谷的准入门槛较高，所以苹果要挖来员工必然要花大价钱，这对于库克来说是难以长期承受的负担。但是，库克又不可能在现阶段彻底脱离硅谷，因为苹果有一个传统：技术人员应该在硅谷有立足之地并在下一个产品上留下自己的印记。这话听起来有些不明其意，简单说就是苹果要以硅谷为中心，把人才吸纳进来，让他们在这里为梦想而奋斗并产生记忆点（比如"我曾经在硅谷的××工作过，就在××街上"），这样一来，员工就能受到苹果和硅谷双重文化的洗礼，会和苹果绑定得更深。

除了这个精神层面的执念外，苹果还有一个传统就是反对权力下放，如果在硅谷之外的地方建立新的分部、分公司，那必然要下放一些权力，这就可能造成决策的混乱，不利于在苹果内部统一认识，甚至可能造成分裂。

面对来自传统规则的压力,库克并没有妥协,经过他的动员和说服,苹果对这些传统规则进行调整,因为人才的流失对苹果来说就是"血液的流失",抱残守缺和顽固不化只会把苹果进一步推向深渊。

其实,用"深渊"这个词并不夸张,因为硅谷如今带给苹果的负面影响,已经不限于对人才的吸引力上了,还扩大到了其他方面。

2019年,库克参加斯坦福大学的毕业典礼并发表了演讲,其中提到了如下内容:苹果作为硅谷最重要的公司之一一度深刻地改变了硅谷的面貌,然而如今硅谷却存在着数据泄漏、侵犯隐私、创业骗局等诸多乱象,已经影响了苹果的正常经营秩序。

库克的这次发言用词犀利,他认为硅谷最近是"以一种不那么高尚的创新而闻名",因为这里每天都在上演泄露隐私和数据以及造假和仇恨言论的丑剧,一些企业甚至可以用"混乱"来形容。Meta在2018年就因为泄露用户隐私等问题接受了审查并被处巨额罚款,当年蒸发了三分之一的股价。除此之外,谷歌也因为窃取用户信息而遭到美联社曝光。

然而,上述提及的公司不过是冰山一角,还有很多未被曝光的企业。在库克看来,泄露隐私的行为是对用户权益的极大侵害,这种行为窃取的不仅仅是用户的个人数据,还包括他们的自由权利。

或许在某些人看来,库克的这番言论不过是打压同行、抬高苹果的言辞罢了,但事实并非如此。苹果之所以能够引领行业,得益于其总是闪现出各种伟大的创意及其过人的胆魄,孕育这一切的土壤是曾经那个硅谷的自由精神,而如今这种精神正在遭受腐蚀,很多企业开始通过走歪门邪道的方式获取额外利润。最终受伤的不仅是消费者,也是所有信仰硅谷精神的先行者,他们可能就是工作在苹果的某一位设计师,如果他们的用户数据被泄漏,连带泄漏的自然也是苹果的商业机密。更重要的是,一旦在硅谷的企业被"感染"了这种弊病,就会让无数向往这里的人才心灰意冷,成为他们果断离开硅谷的又一个理由。

库克对硅谷表现出的失望，并非只出于他自己的立场，即便从宏观的视角来看，如今的硅谷也正在放弃科技创新的竞争手段，转而依赖美国政府的政治手段，比如针对性极强的"芯片法案"，一方面让硅谷的众多企业获得了政府补贴，另一方面还能打压如华为之类的外国企业，把正常的商业竞争上升到国家安全的层面上。

如今的硅谷不再是"极客"们的硅谷，而是政客们的硅谷。

曾几何时，乔布斯对斯坦福的毕业生说过这样一句话："找到你所爱的事情；不要浪费时间活在别人的生活里。"如今硅谷的创业风气正在吞噬年轻人的梦想，会让他们逐渐失去奋斗的动力和对自由的憧憬，而这种负面氛围无疑会扼杀人才和创意的诞生。

如果说人才外流是硅谷在破坏苹果的软件配置，那么风气不正则是在破坏苹果的企业灵魂。在这种环境下，苹果已经无法组建一支多元化、朝气蓬勃的员工队伍，有的人会因为生活成本高而另谋去处，有的人会因为黑心企业而厌恶硅谷，长此以往，苹果将持续付出高昂的人力成本。

现在，苹果在库克的领导下开始积极地下放权力，在硅谷以外越来越多的地方布局：从洛杉矶和圣迭戈到俄勒冈州、华盛顿州、科罗拉多州、艾奥瓦州，直至迈阿密和纽约……苹果为此投入重金，虽然从短期来看背上了沉重的负担，但从长远来看，这种去"硅谷中心化"的做法能够最大限度让苹果趋利避害。能作出这一决策并坚定地执行，需要眼界更需要勇气，而库克真的做到了，正如他对斯坦福大学毕业生所说："当你们的时代到来时，你们永远也不会完全准备好，但这没关系。"

苹果所处的时代就是一个剧变的时代，硅谷已经不再是原来的硅谷，但苹果必须保留应有的底色，为达成这一目标，库克只能做好以孤勇者的身份与污流对抗的准备了，这不是为他个人，也不仅仅是为了苹果，而是为了一众科技企业乃至行业的未来。

Chapter 8

延续"乔帮主"的辉煌

01
试错，从"云共享"开始

成为行业内的创新领头羊的确是一件风光之事，但创新的成功率不可能是百分之百，作为"开荒者"，总要面对跟进者不曾面对的风险。

某种程度上，苹果就是这种宿命。

乔布斯健在时，会为苹果拥有出色的产品而自豪，也会为苹果开发的软件生态而骄傲，但有一样东西是他无法笑对世人的，那就是苹果在服务领域的建树还不及同行。正是在这种缺失感的驱动下，乔布斯和库克着手向市场推出了MobileMe服务。

2010年，在苹果一年一度的WWDC全球开发者会议上，乔布斯向公众宣布了一款全新的"软件+服务"的产品——MobileMe。MobileMe主要是向用户提供同步Email、联系人以及日历数据等功能。

苹果为MobileMe设计了两个账户：一个是个人版，只能一个人使用，包含20G的存储空间和一个邮箱地址；另外一个是家庭版，包含5个账户，其中一个是主账户，拥有20G的容量，还有4个各自拥有5G容量的子账户，每个账户都有独立的邮箱地址。从产品设计的角度看，乔布斯考虑得比较周全，想要尽可能多地吸纳用户。

以今天的视角来看，MobileMe完全符合"云共享"理念，足见苹果在服务领域也是有着超前想法的，然而MobileMe却存在诸多问题，导致推向市场后并不受到消费者喜欢。

一方面是费用较贵，MobileMe 每年向用户收费 99 美元，而其竞品 Windows Live 在功能上与之类似，却对用户免费开放。

另一方面是技术存在问题。MobileMe 存在删除 iPhone 通讯录同步时无法访问个人 Email 账号的漏洞，导致用户想要删却删不干净，为此苹果不得不向用户致歉。除此之外，MobileMe 的软件稳定性较差，无法真正做到流畅共享，使用体验感极其糟糕。

总体来看，MobileMe 虽然功能全面但使用起来存在各种缺陷，却走了高端收费路线，这让很多用户难以接受，因为大家可以找到更便宜甚至免费的替代品。最终，MobileMe 遭到了市场的冷遇，就连一向自信不愿认输的乔布斯也沮丧地表示："推出 MobileMe 的那段时光不是苹果公司最好的时光。"

一向强悍的乔布斯都承认了失败，库克更是痛心疾首，他对乔布斯直言不讳地说道："MobileMe 服务故障一事表明，我们在互联网服务领域还有很多东西需要学习，也只有通过不断学习，才能使包括 MobileMe 在内的苹果互联网服务更上一层楼。"或许从这个时候开始，库克就憋着一股劲头：他承认 MobileMe 是失败品，但苹果的大方向没有错，所以他还要找机会弥补回来。

承认失败对普通人来说似乎不难，但对于像乔布斯、库克这样位高权重的人来说，的确需要过人的勇气和清醒的头脑。在这方面库克尤为突出，他会为了糟糕的服务体验向用户致歉，他更懂得每一次试错的成本都不能白白浪费的道理，也许这又是他的"商人思维"在发挥作用。但当时的他还并非苹果的 CEO，在极富开拓性的乔布斯的带领下，苹果又掉进了另一个失败的泥潭，这就是如今已被很多人淡忘的 Ping。

Ping 是 2010 年苹果推出 iTunes 时附带发布的一款社交音乐服务，被内置在 iTunes 中并向 iTunes 的全体用户开放，用户只需一键跟随就能关注喜欢的歌手和好友，如此就能实时查看歌手和好友的近况。比如你喜欢并关注了Lady Gaga，那么就能欣赏她发布的照片和视频，了解她的巡演日期，还能阅读她正在欣赏的其他艺术家和专辑的评论。当然作为关注者，你也能发表自己的看法，标记出自己喜欢的专辑和歌曲以及准备参加的音乐会等等。

从今天的视角来看，Ping是基于音乐展开的网络社交，符合移动互联网时代的交流特征，某些功能和国内的网易云音乐比较接近，用户可以对音乐进行点评、分享自己的感受，应该说这又是苹果超前于时代的探索。不过让苹果意外的是，虽然Ping在推出后不到48小时内就有100多万用户加入，然而这项服务最终没有流行起来，于2012年9月30日正式关闭。

Ping为什么没有流行起来？

从大方向上，Ping的设计理念没有硬伤，主要问题还是出在苹果的服务细节上。Ping没有让用户在使用中获得愉悦的体验，以至于大家转而去其他平台交流音乐、分享观点，而不再聚焦在这款不成熟的产品上。库克最终意识到，这是用户不想投入过多时间和精力的产品，然而他并没有死心，他认为产品的创意方向是对的，因此在2015年又推出了类似的艺人社交平台——Apple Music Connect。然而可能是苹果在产品服务方面真的缺少根基，运营一段时间后依然不能让用户满意，最终还是在2018年底关闭。

对乔布斯来说，探索一款新产品、新服务本身就是一种乐趣，因为他天生有艺术家、缔造者的思维和气质。不过对库克来说，他还是更重视产品的转化能力，即便不能在短时间内赢利，起码也要为未来赢利做好用户积累、技术积累等准备，但像Ping这种产品并不符合他的预期，所以他直白地对大家说："Ping是一个失败的产品。"

当库克认定一款产品失败后，他会毫不犹豫地对其宣判"死刑"，所以在iTunes的下一个版本中Ping被直接毙掉。与此同时，库克也承受着产品失败的压力，因为Ping和Apple Music Connect的失败都存在一个外界因素，那就是"可替代性产品"，比如 Twitter 和 Facebook 之类的社交平台。库克承认这两大社交平台是苹果的劲敌，毕竟它们的用户基数庞大，即便是苹果也不能与之相提并论，所以只要库克瞄准"网络社交"发力，就一定绕不开这两大巨头的阻击。

还有一点不得不提，库克自从接替乔布斯之后，一直承受着"不会创新"的抨击之声，他和乔布斯相比，容错率更低。因此库克一方面承受着探索新领域的焦虑，另一方面也忌惮失败后自己的风评以及苹果会为之付出的代价。不过，要是就此认为库克是一个害怕失败、畏惧试错的人，那就误解他了。

在由库克主导开发的第一代 Apple Watch 上附带了一个十分新奇的功能，名叫"Force Touch"，2015 年在 iPhone 6s 上正式定名为"3D Touch（3D 触控）"。它是一种立体触控技术，通过让屏幕感应不同的感压力度完成一些特殊操作，能够帮助用户更方便快捷地操作，此外还引入两种新手势 Peek Pop（分别支持用户预览和跳转入信息、网页链接或者自动链接）。

单从设计理念上看，3D Touch 为 iPhone 带来了之前其他手机无法带来的体验——它引入了"压力"和"力量"这两种操作方式，而触屏手机常用的是"滑动"和"点击"，这绝对称得上是操作逻辑上的创新。

然而不巧的是，这一次 3D Touch 又遭遇了滑铁卢，用户对它的评价呈现两极分化：一部分用户觉得不可缺少，而另一部分用户甚至不知道如何使用。之所以造成这种现象，还是和 3D Touch 的适用人群有关，对于喜欢玩射击类游戏的用户来说，3D Touch 能够大大丰富操作手段，比如可以把重重按压屏幕调为开火键，这就比点击固定位置的射击键要好得多。不过分歧也就此形成：如果没有特殊的操作需求，那么 3D Touch 就成了鸡肋功能。

客观地讲，库克推向市场的 3D Touch 还是有可圈可点之处的，然而苹果在推出 iPhone XR 时取消了 3D Touch，结果发现对销量没有多大影响，因此从 iPhone 11 开始，苹果全系取消了 3D Touch 功能，改用 haptic touch（长按震动反馈）替代。

为什么库克决定取消 3D Touch 呢？这并不是因为 haptic touch 能完全替代它，毕竟二者的操作逻辑并不相同，haptic touch 自身存在着延迟性，很难像 3D Touch 那样应用在游戏操作上，究其原因主要有两个。

一个原因是 3D Touch 需要通过硬件来实现，也就是在屏幕下面增加一层形变传感器，这样会增加制造成本，也意味着手机会比较厚，所以除了苹果进行尝试之外，其他厂商根本不打算跟进。而这就直接导致了另一个问题：由于受众太少，所以大多数手机应用的开发者不愿多此一举地针对 3D Touch 进行适配。

虽然 3D Touch 消失在了苹果家族中，不过近几年又掀起了呼唤它回归的声音，因为在 iOS 16 发布后，一些老用户就提出建议：有些操作如果有 3D Touch 会更方便，比如锁屏界面的手电筒和相机，没有 3D Touch 比较容易误触等。不过从目前的情况来看，3D Touch 对库克来说既增加制造成本和工艺要求，又可能被另一部分用户弃用，所以暂时应该不可能回归了。

不过，3D Touch 的核心操作逻辑可能不会真的消亡，如果未来元宇宙的布局能够架构起来，那么 Apple Watch 将是一个重要的连接桥梁，简单易用的立体触控功能就有了用武之地，届时 3D Touch 可能会找到真正适合它的舞台。

回顾库克加入苹果以来的试错历史，不难发现库克在创意方面并非毫无建树，甚至很多理念是超前的，但也正因为这种超前造成了"独树一帜"的尴尬。如果当年安卓厂商跟进了 3D Touch 功能，那库克的这次决策可能就会被后人称道。但有时候创新就是要冒各种风险，失败也未必只与你自己有关。所以结果导向不可取，这个时代需要像苹果这样敢于创新的企业，在这方面库克虽然比不上乔布斯，但他也并未放弃过。

02

布局新赛道：云时代即在眼前

第一次工业革命开始后的人类历史，其科技发展速度远超过去的若干个时代，随之而来的也是一系列的"冠名"：蒸汽时代、电力时代、互联网时代……我们当下身处的时代，技术跨越大，冠名也多，"云时代"就是其中一个常被提起的名字。

既然不同的时代有不同的特色和属性，那它们就是布局该时代的抓手。而"云时代"就是被苹果瞄准的一条新赛道，关于这条赛道的故事还要从那个让乔布斯无比沮丧的MobileMe说起。

虽然MobileMe从产品设计的角度来看存在诸多问题，但无论是乔布斯还是库克，都并不否认这个方向的正确性，它是基于"云共享"理念设计的服务软件，属于"云服务"中的一个组成部分，只是在功能上尚不成熟，也缺少增强用户使用体验的细节。但是乔布斯没有那么多时间对其进行修正，只能将重担交给了库克。为此，库克在他CEO的战略计划表中，加入了"云服务"这个重要内容。

云服务是基于云计算的一种网络服务形式，在可以预见的未来，云计算会和各种智能终端连接，帮助用户构建一个内容丰富的服务平台。那么，云计算到底是如何产生的呢？其实如果追根溯源，云计算的概念并不是源于21世纪，而是20世纪90年代。互联网蓬勃发展起来以后，网络进化到了web2.0时代。相比于web1.0时代，web2.0时代给予了用户和网络交互的权限，简单说就是web1.0时代你只能被动地浏览网页，而web2.0时代你可以发表评论、向网站提交意见甚至自己改动网页的部分内容，上网行为就从单向变成了双向。

web2.0时代来临之后，My Space、Youtube等网站获得了快速成长的空间，访问量远超过传统的门户网站，因为用户在这里的交互体验感更强。然而随着浏览量的增加和用户数量的积累，网站运营方不得不考虑一个现实问题：如何才能有效为用户提供满意的服务呢？不久，谷歌凭借强大的搜索技术沉淀，在该领域成为主导者并就此催生了云计算这一新技术。

简单来说，云计算最大的特点是通过公用计算或者其他方法来共享计算资源，让闲置的处理器参与一些计算任务。它是现代IT产业中一种颠覆性的创新，存在着较高的技术门槛，谷歌、亚马逊和IBM这三家企业在该领域有着较强的技术先发优势，这就给苹果这种后来者带来了巨大的压力。

或许有人不理解，苹果的主要赛道不是在IT领域和移动终端吗？何必为跟自己"没什么关系"的云计算、云服务发愁呢？这就不得不提到库克的商业眼界了。在他看来，如果任由这三家巨头在云计算领域持续深耕的话，未来必将挖掘出更多有价值的信息和资源，甚至可能重新开发出一块新市场，届时苹果不仅没有竞争力，可能连原有的用户基础也会被瓦解，毕竟云计算和大数据、元宇宙这些新兴概念是绑定在一起的，它们原本就层层相扣，一个环节薄弱，就可能满盘皆输。

对库克来说，乔布斯留给自己的任务是让苹果保持先行者的姿态，至少不能成为行业的后进者，而基于云计算的云服务注定是未来火爆的一项网络服务，苹果没理由放弃这块市场。

MobileMe的失败从某种程度上让库克吸取了教训，为接下来进入云服务赛场做好了准备。2011年6月，苹果正式公布推出一款免费的在线存储服务——iCloud。单从"免费"这个宣传点就可以看出，当年MobileMe每年99美元的服务费总算让苹果醒悟过来：走高端服务路线目前还不符合云时代的产品调性，你至少要让用户免费尝鲜一段时间再做考虑。

苹果的iCloud是基于MobileMe功能改写的云端公共服务，它能够为用户提供邮件、行程表等各种服务，真正将音乐、系统、文件等常用应用内容完美融合在一起。用户可以通过iCloud将个人信息存储在苹果的服务器上，然后通过无线网络将这些信息发送到其他设备上，比如iPhone、iPad等，用户只需一个相对应的邮件账号就能把设备上的信息同步发送在已经登录的账号设备上。

和MobileMe相比，iCloud拥有非常人性化的服务功能：当用户在iPhone上下载了一款新的应用软件后，其马上会出现在用户绑定的iPad上并自动寻找合适位置存储，全程自动化，不会分散用户的注意力；而如果用户从电子书商店下载了一本电子书，iCloud也会自动将它推送到用户的其他设备上，诸如此类的功能有很多。

外界或许会疑惑，库克带着苹果瞄准云服务领域发力，真的就不担心会被谷歌等巨头凶狠地阻击吗？事实上，库克推出iCloud是有着相当的自信的，在他看来，虽然苹果在技术和经验方面不如谷歌、亚马逊等企业，但也拥有对方不具备的优势：iCloud是从购买、云存储到流媒体播放的一站式服务，免费和收费政策比较合理，而且苹果和多家唱片公司签署了合作协议，增强了云服务的竞争优势。

2012年3月，库克在一次互联网会议上表示，iCloud服务的注册用户突破了1亿大关，这对于苹果来说是一个重要的里程碑，证明了iCloud没有重蹈MobileMe的覆辙。库克说："iCloud是苹果未来十年战略的一部分。在2010年至2012年以前，乔布斯公布的战略是将Mac或PC定位为人们生活的核心。这一战略是将Mac或PC作为存储库。iCloud不是一款生命周期只有'1年或2年'的产品，而是公司未来10年战略的一部分。"

毫无疑问，iCloud的出现等于是向亚马逊、谷歌等公司发出了挑战，也宣告了苹果正式杀入云计算领域的决心。站在今天的视角来看，库克当初说的"未来十年"并不是一句空话或者口号，因为苹果在这十年间布局了"电脑和笔记本空白地带"的iPad产品线，开发出了可以充当VR、AR设备连接工具的Apple Watch，还自研出了功能强大的M系列芯片，这些产品既可以视为苹果在单一领域的突破，也可以将其整合成一个顺应元宇宙、万物互联趋势发展的总蓝图：强大的计算能力（M系列芯片）+便携智能穿戴设备（Apple Watch）+方便轻度办公的移动终端（iPad），它们结合起来就能满足用户在多种应用情境下的硬件需求。

有了硬件基础，云服务这种软件生态就起到了穿针引线的作用，这也是库克不遗余力地研发iCloud的初衷：他意识到苹果的一个短板是文件系统缺陷，和Windows阵营的PC环境相比，苹果系统的兼容性还不够强，导致有些用户群体不会选择Mac或者iPad，这极不利于苹果拥抱万物互联时代。然而，iCloud的出现可以让苹果将文件系统放置于云端的云计算平台，让设备和云计算本身脱离，摆脱软件对硬件的固有依赖和限制，从而打造一整套坚不可摧的生态系统。

2012年6月，苹果停止了MobileMe服务，虽然这个试错产品终结了它的产品生命，但是脱胎于它的iCloud却成功活了下来。2021年6月8日，苹果在全球开发者大会上宣布，iCloud正式升级为"iCloud+"品牌，同时更加强调用户隐私保护。当年9月22日，网页版苹果iCloud邮件全新上线，改进了外观，还增加了防垃圾邮件等实用功能。从目前的发展情况看，iCloud在库克的护航下逐渐走上了愈发健康、完善的状态。

2022年第三财季业绩报告显示，苹果目前在其所有服务中拥有超过8.6亿付费用户，包括Apple Music、Apple TV+、Apple News以及iCloud等，其中如Apple Music、Apple TV+等服务都是和云服务密切相关的，可见苹果为云时代搭建的各类服务已经得到了用户的充分认可。当然，库克不会就此满足，他深知苹果的云服务目前主要还是为苹果的产品设计的，这并不是一条通向未来的宽敞赛道。所以早在2020年，苹果就招聘了具有云计算专业知识的软件工程师，意在提升iCloud的兼容能力，打造包容性、创新性更强的生态系统。

　　云计算是一个庞大的领域，它能够大规模地实现在家工作和虚拟计算，未来的人类社会极有可能朝着这个方向演变，所以苹果如果想要在AR/VR甚至汽车领域有进一步的创新，就必须搭建自己的云平台，这是一个有关苹果未来生死的宏大战略。虽然和谷歌这些在云计算领域深耕的巨头相比晚了一步，但和其他企业相比，苹果可以说打好了提前量，在库克的努力下，苹果不再是一个以硬件产品出圈的企业，它注定要回归乔布斯创办苹果时的定位：是一家软件公司，毕竟硬件创新在很多方面已经遭遇了瓶颈，而软件对未来时代的掌控能力则是具有无限可能的。

　　苹果在云服务领域能走多远，目前尚未可知，不过有一点可以确定，那就是随着库克在云服务领域的布局日渐完善，苹果只要架构好云基础设备，其技术布局必定会更加完整，苹果的市场竞争力会毫无悬念地再上一个新台阶。

03
称霸在线音乐

库克是一个十分喜欢音乐的人,他曾说:"如果没有音乐,我无法完成锻炼。音乐给我灵感,激发我,也是晚上让我安静下来的东西,我认为它比任何药物都有用。"对音乐的热爱让库克不仅能更好地经营人生,也把音乐注入苹果的业务板块中,这是一条由乔布斯和他共同开拓而后由他独立支撑的新赛道。

2007年,乔布斯在苹果官网上发布了一篇名为《关于音乐的想法》的文章,虽然很快被删除了,但是这篇文章表达的核心信息被保留下来,那就是关于将数字音乐版权管理应用在音乐文件方面的优劣。或许有些人并不了解这篇文章的商业价值,要知道在2007年数字音乐服务还没有流行,而乔布斯前瞻性地关注这个领域并提出睿智的看法,就已经暗示了苹果未来会和数字音乐业务产生莫大的联系。

那么问题来了,数字音乐业务的商机在哪里呢?

早在20世纪80年代中期到90年代后期,很多媒介平台都进行了从模拟化到数字化的转型,也就是从卡带、唱片这种有形的物理介质转变为虚拟介质,这就损害了无数唱片公司的利益,因为盗取一首歌变得易如反掌,直接导致了卡带和唱片市场不断萎缩,由此引发了一系列官司。但即便如此,人们还是意识到消费者对免费的数字音乐是如饥似渴的,任何一家唱片公司都无法阻止时代的发展趋势。

2001年1月，iTunes正式发布，当时苹果称其为"世界上从未有过的、最令人惊讶的音乐播放软件"，这并非夸大其词，因为iTunes能让用户把CD翻录成MP3文件，然后通过一个操作方便的界面对音乐进行整理分类。因为担心涉及版权问题，苹果采用了数字版权管理，即DRM。然而乔布斯也敏锐地意识到，DRM虽然维护了唱片公司的利益，但从长远来看，必定会限制新型播放器、音乐下载商店以及相关企业的创意积极性，对数字音乐的发展只能起阻碍作用。

也许正因为深入触及了音乐版权的问题，所以乔布斯才删掉了那篇文章，但也就从这一刻开始，他也把目光锁定在了数字音乐的发展前景上。

关于数字音乐，库克和乔布斯有着相同的看法，凭借多年运营企业的经验，他已经练就了对市场商机敏锐的嗅觉，他认为盗版音乐已经不可阻挡，而免费的数字音乐是无数消费者迫切需要的，"堵"不如"疏"，只有引导消费者接受新的消费形式，才能彻底改变这种被动局面，而这正是iTunes诞生的初衷。

iTunes是一款能够在Mac和PC上运行的免费应用软件，基本上不存在平台壁垒，这也表现出苹果想要扩大用户基数的长远目标。iTunes让当时的消费者如获至宝，因为它不仅能在资料库中收藏用户钟爱的各种音乐并满足下载需求，还能将新买的应用软件自动下载到其他设备上，十分人性化。

当然，乔布斯和库克深知唱片公司对iTunes是存在抵触心理的，毕竟它给数字音乐带来了广阔的生存空间，但苹果并没有放弃。首先，库克找到了华纳唱片公司和环球唱片公司这两家巨头，不出所料，两家公司都对iTunes有强烈的排斥感，但库克没有放弃甚至做了有限度的让步——同意对即将购买的音乐进行数字版权管理，并保证iTunes上购买的音乐只能在3台经用户授权的计算机上播放，而音乐清单刻录的CD数量不准超过七张。最终，经过无数回合的谈判，库克终于说服两大巨头和苹果合作。然而库克没有就此止步，他又和博德曼、百代、索尼三家唱片公司签订了合作协议。

2003年4月28日，iTunes4正式上线，曲库中有足足20万首歌曲供用户下载，推出后广受好评。半年过后，库克又产生了新的想法，他说服了唱片公司将iTunes和Windows用户共享，迈出了跨越平台战略的重要一步。

在数字音乐这个业务板块上，库克表现出了比乔布斯更强烈的激进心态，他认为iTunes的覆盖范围要从全美扩大到全球，于是经过一番精心准备之后，2004年，苹果在欧洲各国相继推出了iTunes业务，赢得了广大音乐迷们的喜爱。在iTunes杀进欧洲市场的第一个星期，下载歌曲数量总计超过了80万首。截至8月30日，iTunes音乐商店一共卖出十亿首歌曲，这意味着苹果的数字音乐业务进入了全盛时期。即便如此，库克依旧不满足，为了更好地完善iTunes，库克收购了一家名为LALA的在线音乐零售网店。

库克为何对LALA如此感兴趣呢？因为该网站开发出一款允许用户付费在线试听的程序，其在线曲库更是达到了800万首的庞大规模。当用户注册以后，LALA会扫描该用户本地电脑上存储的全部歌曲然后将其添加到用户的自定义曲库中，方便用户在其他互联网设备上收听以及和好友们实现资源共享。显然，库克看中了LALA在云计算音乐服务领域的技术和经验。经过几次艰难的谈判后，苹果终于以800万美元的价格收购了LALA在线音乐网，由此苹果拥有了从浏览器端访问音乐的技术：用户无须下载就能在任何端口通过网络试听和购买音乐，iTunes再度进化。

在库克的努力下，短短的几年时间，iTunes就被打造成了数字音乐的王牌，加上苹果独特的服务优势，iTunes更是大放异彩，吸引了大批"果粉"和音乐迷竞相使用。iTunes的成功也吸引了其他竞争对手下场分蛋糕，比如微软、索尼、诺基亚等。面对竞争对手的围剿，库克意识到只有推出新产品以及提高产品的服务质量，才能从外围阻击对手。为此，苹果为广大用户提供了一种新的购买机制：如果用户在线购买了一首歌曲，只要不在网络上共享或者参与其他交易，就能下载到MP3播放器里或者刻录到光盘里，这等于扩大了使用权限。

2012年3月，iTunes的月度覆盖人数超过3000万人，网民渗透率高达7.1%。iTunes成为在线音乐服务业务的标杆产品，由库克全力打造的这种新模式也为很多唱片公司指明了未来的发展方向。

遗憾的是，iTunes的辉煌并未一直延续到今天，随着iPod的销量减少乃至最终停产，与之密切相关的iTunes自然也受到了波及，这个拐点就在2013年。这一年，数字音乐下载业务呈现出明显的下滑趋势。面对这种情况，库克决定以新的产品形式破局。

2014年，苹果以30亿美元的价格收购了耳机、音频软件制造商Beats Electronics，顺带收购了该公司旗下的流媒体服务Beats Music。2015年，苹果将Beats Music与iTunes Radio进行整合，推出了一款全付费的新产品——Apple Music。仅仅一个月，Apple Music的订阅用户就突破了千万大关。2021年，Apple Music超越Amazon Music成为全球第二大音乐流媒体服务，占据全球音乐订阅市场份额的15%。虽然和第一名的Spotify仍然保持着31%的差距，但从增长速度来看，后发的Apple Music优势更加明显。仅在2018年，Apple Music全球付费用户增长速度就比Spotify快一倍以上。2022年苹果Q2财报显示，来自Apple Music、iCloud和App Store等服务的付费收入达到了198.2亿美元，超过了除iPhone以外其他所有硬件的收入，当仁不让地成为苹果收入的第二增长源。

在数字音乐是购买还是租赁的问题上，乔布斯和库克表现出了不同的态度。乔布斯很反感订阅服务，因为他觉得人和音乐存在一种情感上的连接，所以如果"订阅的音乐到期就消失"，用户会难以接受。从某种角度看，乔布斯的理念是对的，但是库克看到了时代变化下用户心态的转变：

很多人在意的已经不是真的"拥有",而是短时间内的占有。具体到音乐服务上,有些曲目的确是百听不厌的经典,但也有些曲目只是单位时间内的最爱,是存在"保质期"的,所以 Apple Music 以租赁的方式提供音乐服务也符合人们的心理需求。事实上,不少"果粉"也表示,他们下载到 iPod 里的很多歌已经处于"吃灰"状态,这说明为天长地久的拥有而购买并非用户真正的需求。

正是由于这种理念的差别,库克在看到数字音乐下载业务下滑时,果断放弃了苹果当年让用户付费购买音乐的初心,以全新的姿态投入流媒体战场中。与此同时,库克也意识到 iTunes 在某些产品调性上存在落后的情况,毅然推出了更符合时代气质的 Apple Music 作为业务的新支点。不夸张地讲,库克的果断决策为苹果的数字音乐业务赢得了新的生机,但同时又没有完全背离乔布斯的理念,因为 Apple Music 的模式其实是延续了乔布斯开创的"软硬件结合"的捆绑方式,它和已经成为历史记忆的 iPod 相比,真正打破了平台、硬件等因素的限制,为用户提供了一种无处不在、流动起来的音乐服务。

从免费到付费,再从购买到租赁,iPod 与 Apple Music 完成了一场跨越十几年的接力赛,苹果经历了两次"音乐革命",而第二次革命的目标就是自己。

值得关注的是,当媒体就 Apple Music 采访库克时,库克却表示苹果做 Apple Music 不是为了钱。这番话听起来有些炫耀之感,但其实认真分析就不难发现,Apple Music 的真正作用并不是增加盈利渠道,而是通过它让更多的人进入苹果的生态系统之中,将潜在用户转变为忠诚的"果粉",这又可以看成一场"入口争夺战"。从这个意义上讲,库克的战略视角依然落在未来,苹果的数字音乐业务或许真的能在某一天担当起重任,为苹果获得新的发展契机。

04
智能汽车：争夺全新应用场景

跨界对企业来说并不是新鲜事，但如何跨界则会直接影响到企业的切身利益甚至是长远发展。中国地产巨头恒大就因为跨界推出"恒大冰泉"矿泉水而亏损几十亿，类似的失败案例比比皆是，当然也不乏云南白药跨界做牙膏而大获成功的正面案例，所以关键还在于如何操盘，避免陷入跨界困境之中。

2014年，特斯拉的Model S大获成功，高端电动汽车成为不少车主的新宠，而无人驾驶技术也成为新概念汽车的标签。马斯克的高歌猛进不仅刺激到了传统汽车行业，也吸引了更多同行入局，比如谷歌的无人驾驶项目也在同年浮出水面。一时间，一场关于自动驾驶的革命悄然到来。

这一切库克都看在眼里。2014年下半年，苹果启动了名为"泰坦"的项目，内容就是制造一款带有苹果特色的智能电动汽车。为此，库克特意选中了几位在传统车企有工作经验的人带队，比如时任副总裁史蒂夫·扎德斯基就曾经在福特公司工作过3年。

在基本团队搭建好之后，他们立即朝着自动驾驶、动力电池、汽车软件这几个方向发力，不断招兵买马，甚至因为挖墙脚太凶被一家电池公司告上了法庭。根据粗略估计，整个团队在巅峰期有千余人，可见库克对造车之事绝非说着玩玩。不过据专业人士透露，当时苹果有些着急，招聘的人员虽然有汽车行业工作经验，但对智能汽车的理解是不够的，并不符合苹果的预期。

2016年1月,泰坦项目的负责人史蒂夫·扎德斯基失去了领导权,原因并未直接公布,大概率和项目进展不顺利有关。而这个新闻却让传统汽车行业喜笑颜开,他们认为连苹果都被汽车行业的高深壁垒所阻挡,可见这个领域不是谁都有资格进入的。然而,库克并不是轻易退缩的人,他早就做好了试错的准备。就在同一年,彭博社、《华尔街日报》等媒体公开报道,称苹果暂时放弃了造车计划,只打算为汽车制造商提供自动驾驶系统。

事实证明,这次报道是十足的误判,库克并没有这么快就改变初衷,他反而在这一年拉了更多人才入伙,其中就包括特斯拉负责研发的一位副总裁、保时捷的技术总监等顶尖人才。

2018年8月,特斯拉负责研发和生产的高级副总裁道格·菲尔德加入泰坦项目,随后苹果造车的进程不断加快,大量和整车制造相关的精英被库克收入麾下,其中包括大量特斯拉的人才,如高级总监、副总裁等。从这些信息可以看出,库克敢下血本招兵,意味着苹果造车项目的前期工作已经完成,比如定义产品、车型设计等,所以后续招收的人才都和工程研发有关,这说明苹果汽车并非一直活在演示文稿里。

与此同时,苹果在自动驾驶、动力电池等领域也不断吸纳人才,来自谷歌、三星等知名企业的精英源源不断地加入泰坦项目。庞大的人才队伍使研发成本不断升高,仅在2019财年就达到了162.17亿美元。

这一切不计成本的投入都是为了那个被无数人惦记的"Apple Car"。不过,泰坦项目在陆续实施的这8年间,总是处于时而顺利、时而停滞的状态,极少释放出明确的项目进展信息,更要命的是,整个造车团队人员流动性极大,之前提到的道格·菲尔德也在2021年离开了团队,给泰坦项目带来了巨大的打击。

2022年7月,美国科技媒体The Information发布了关于泰坦项目的最详细年表，其中就提到了团队领导层更迭频繁以及项目目标不断变化等负面情况，当然最引人注目的记录是在一次项目测试中，Apple Car差一点撞到一位穿过马路的行人，幸亏有预备驾驶员的干预才避免了事故。当然，此类事情几乎发生在所有自动驾驶项目的测试中，只不过对于苹果来说是雪上加霜。

按照苹果之前官宣的消息，Apple Car将在2023年问世，但现在时间又被推迟到了2026年，甚至有消息称，参与泰坦项目的团队一度被解散，但是库克在2022年9月表示会组建一支新团队。综合目前掌握的信息来看，Apple Car的研发工作总体不顺利，但库克始终没有放弃，甚至有消息称，就在2022年，库克还在圣克拉拉谷驾驶一辆测试车兜风并顺利完成了自动驾驶行程。种种迹象表明，Apple Car的研发工作仍在继续。

根据一些媒体披露的情报可知，Apple Car的大体构造是：有着四个相对的座位，方便乘客面对面地聊天；拥有一个类似大众甲壳虫的弧形车顶；乘客甚至可以平躺在车里睡觉。

单从这些碎片信息不难发现，库克对Apple Car的定义不只是出行载具，还是一个移动智能空间，于是这就牵涉到一个大家都关心的问题了：库克为什么要带着苹果跨界造车？

其实，答案的重点不在于库克，而是在于苹果。

苹果的"第一性原理"决定了它势必会进入智能电动汽车领域。过去，苹果无论在个人电脑还是移动电话领域都处于引领行业变革的位置，从某种程度上推动了移动互联网时代人与人交互方式的改变，而其自身也拥有了设计和研发硬件、芯片、软件等多种能力。那么对苹果来说，下个风口除了人们津津乐道但又概念模糊的元宇宙之外，就是智能电动汽车了，因为它代表的不仅是现代载具的发展，而且是智能终端的拓展。

对于很多人来说，每天在汽车中度过的时间会长达数小时甚至更多，汽车无疑成了现代人生活中最常见的应用场景之一，但其使用痛点是人们在其中除了专心驾驶汽车之外干不了任何事情,这对于每天要花费大量时间用于出行的人来说显然是一种浪费,所以配备了自动驾驶技术的智能电动汽车就成为未来车主的刚需。可以预见的是,谁在这个场景中为车主解决的问题最多,谁就能串联起车主的其他应用场景,从而掌握一个至关重要的终端入口。

值得注意的是,智能电动汽车的发展也具备了有利的外部条件:万物互联、大数据、人工智能、5G技术……几乎每个与之密切相关的技术都日趋成熟,如果不能抓住机会,势必会被先行者远远甩在身后。作为一个眼光深远、格局广阔的CEO,库克不可能看不到这一点,因此他才会不惜一切代价地推进泰坦项目,哪怕中途多次出现波折也没有放弃。

虽然从传统汽车制造业的角度看,苹果无疑是外行,但智能电动汽车原本就不能简单理解为一种载具,它更需要的是传统制造工艺之外的技术,比如智能电动汽车依赖的芯片、传感器以及所需要的软件生态。苹果在这些领域都有强大的技术基础,也在其拳头产品上有了成熟的应用经验,只需稍加改造就可以完美移植过来。反观传统车企,它们无论是在芯片开发领域还是在操作系统开发领域都无法和苹果相提并论,因此有人戏称,苹果造车或许会让传统车企感受一下当年诺基亚被踢出历史舞台的落败之感。

更值得关注的是,库克在这条道路上并非"孤军奋战",中国的华为、小米也都在开发智能汽车领域,这从客观上也促使库克不得不加入这条赛道,否则一旦新的应用场景形成,苹果全系的产品都可能被隔绝在外。打个比方,用户在家中使用电脑办公,临时需要出门,进入汽车后可以通过AI帮助驾驶,同时无缝连接到车载电脑继续办公,那么在这一系列的场景切换中,设备不统一就会带来麻烦,而掌控智能汽车的硬件和软件就成了关键,毕竟在不开车的情境中用谁的设备都可以,但自动驾驶技术可是事关生命财产安全的大事。

企业发展就是如此，有时候是出于主动的自愿参战，有时候是被迫下场的被动参战。不过就苹果的影响力而言，它进入智能汽车制造领域，无疑会加快该行业的发展，也会让传统汽车企业不得不面对智能化、电动化的转型，这就像iPhone的成功会迫使安卓手机不断演化升级一样。

任何跨界都存在风险，外界一直不看好苹果造车，这涉及自动驾驶技术本身存在的问题，并非苹果特有。对库克来说，造车就是保持苹果的"第一性原理"，这种"离经叛道"原本就是苹果该有的风格，畏缩不前就可能让它走向失败。至于最终结果如何，只能通过时间来验证。

05
剑走偏锋的 Apple TV

库克和乔布斯骨子里都有"不安于世"的基因，也许正是这种惺惺相惜才让乔布斯只用5分钟就完成了对库克的招聘面试。对于库克来说，他可能无法像乔布斯那样让产品在纵向发展上更出色，但他可以让产品在横向发展上更自如，让苹果拥有丰富的产品线。

增加产品线并非浪费资源，而是在新的赛道争取新的入口，未来注定是万物互联的时代，人们很难预测哪个应用场景突然爆火，所以原则上对有发展潜力的场景都要尽其所能地覆盖，而库克就瞄准了一块新的战场——客厅。

近几年，"客厅战争"一直被人津津乐道，主要是因为智能家居的兴起让很多企业看到了新的入口，而库克从苹果的"第一性原理"出发，瞄准了一个细分领域——智能电视。

虽然如今是互联网时代，但电视机仍然是很多人离不开的家庭设备，也是很多家庭习以为常的休闲娱乐的核心，这里自然有争夺的价值。

2007年3月21日，苹果的第一代申视机顶盒 Apple TV 正式发售，卖点是可以和 iPad 连接，等于为用户搭建起一个简易的家庭影院，用户可以将 Apple TV 和高清电视连接，然后随意查看数码照片、播放音乐以及欣赏视频，此外还能连接苹果自家的 iTunes Store，也能浏览 YouTube 等网站。从功能设定上看，Apple TV 虽然只是机顶盒，但已经是合格的电视周边产品了。

Apple TV发售后，市场的反响并不强烈，反而一度遭到冷遇，这倒不是因为Apple TV的用户定位出了问题，而是遭遇了谷歌这样的电视网络巨头的阻击，导致Apple TV缺乏对一般用户的吸引力。说起来，谷歌在智能电视领域和苹果拼死争夺，也是因为在智能手机领域落败憋了一口气，这就给苹果拓展新产品线设置了外部障碍。

2010年，谷歌发布了Google TV，这是它联合英特尔、索尼共同开发的产品，三巨头联合出手，推出真正意义上的智能电视，竞争力远比苹果的电视盒子要强大许多，谷歌也并不掩饰这是向苹果发出挑战。当然，谷歌的这一行为绝不只是和苹果置气，而是IT产业的人士都意识到了，未来电视的发展注定是人性化和智能化的，用户会倾向于用上网的方式去操作电视，获得更多的自由度，所以智能电视构建起可以和用户直接互动的庞大网络：用户观看什么节目，系统就能及时捕捉，然后生成大数据，为用户推荐符合他们口味的节目，而这才是真正的人性化和智能化。

面对谷歌施加的压力，库克没有退缩，就在同一年，他在参加高盛技术研讨会时说了这样一段话："我们会在电视上继续投资，根据我们的直觉，在这个领域一定会有机会的。"有意思的是，说完这句话库克又说道："对现有的电视市场我们暂时并不关注。"

这两句看似自相矛盾的话其实精准地表达了库克对Apple TV的定义：它不是真正的智能电视，而是一个高度智能化的机顶盒。看到这里，可能有人会觉得库克这是"认怂"了，明明是说要进军电视领域，为什么最后只弄出一个机顶盒呢？

其实站在库克的角度看，把Apple TV定位成机顶盒是最为明智的做法，因为对苹果而言，现阶段的争夺重点不是一款色彩艳丽、功能齐全的智能电视机，而是用户的注意力，而吸引注意力的核心是电视机里能播放什么以及能为用户提供何种服务。

综上所述，如果库克只为了和谷歌对标而弄出一台苹果智能电视，那就是跟着对手的思维走路，会让自己陷于被动状态，对此库克的一段讲话很能说明问题："不走别人的路，我们要走苹果自己的路。"他言简意赅地表明：苹果不会关注某个领域有多少强敌，它的打法本身就是剑走偏锋的。

2010年9月，苹果正式发布了新的Apple TV2，采用了全新设计并搭载新的A4处理器，支持720P视频播放。2012年3月，苹果又发布了Apple TV3，搭载了A5处理器，支持1080P视频播放，价格上也十分亲民地定为99美元。而在2015年，Apple TV的零售价又降到了69美元，但这不是最劲爆的消息，真正让用户激动的是，HBO NOW将登陆Apple TV和App Store，该项服务每月收费14.99美元，可以通过Apple TV、iPad和iPhone注册，注册后的第一个月可以免费观看。

直到这一刻，有识之士终于看懂了库克的一系列操作，原来他并不只是想在硬件层面与谷歌过招，而是来到了内容生产这条赛道上，因为库克明白这才是吸引用户注意力的关键，而这又牵涉到另一个和智能电视相关的细分领域——流媒体。

美国目前有四大流媒体巨头：靠订阅服务起家的Netflix，传统电视台转型的HBO Max，迪士尼开发的Disney＋，亚马逊推出的Prime Video。这四家巨头依靠版权剧或是自制剧牢牢地抓住了用户的眼球，不仅赚得盆满钵满，其剧集产生的文化影响力和传播力更是无法用金钱来衡量，甚至通过网络流入世界各国，征服了难以统计的"编外用户"。

库克看到了流媒体行业的掘金之道和发展潜力，所以在Apple TV不温不火的几年间，他开始调整思路，重新布局。2019年3月26日，苹果春季新品发布会上，"Apple TV＋"视频订阅服务正式诞生（当年11月1日正式推向全球）。从这一刻开始，苹果和谷歌的客厅争夺战就变成了和流媒体巨头的鏖战。

进入新战场，苹果自然要承受巨大压力，但库克手中毕竟握有一张王牌——苹果全系产品，这是流媒体巨头所不具备的优势。为此，Apple TV＋以低价入侵市场，刚一上线就以每月4.99美元的低价吸引了不少用户，对比当时Netflix每月12.99美元的收费确实便宜了不少。此外Apple TV＋还向新用户赠送为期一年的免费服务，绞尽脑汁地提高自身服务的性价比。事实证明，库克的这番大出血效果显著，Apple TV＋上线第一周的点击观看量就突破了百万大关。

鉴于谷歌曾经与英特尔、索尼这些行业巨鳄合作，库克此番也拉上了强力盟友：苹果通过和三星电视、Comcast公司有线电视以及流媒体设备制造商Roku合作，跳出了绑定自家机顶盒的硬件壁垒，极大地拓宽了用户市场。

虽然打出了漂亮的开局，但Apple TV＋也表现出了明显的短板，那就是缺少版权内容和影视资源，这和流媒体巨头丰富的片库和原创IP形成了鲜明对比。根据敌强我弱的客观形势，库克为Apple TV＋制定了"重质轻量"的破局战略。

这个战略的制定再次体现出库克清晰的作战思路和敢破敢为的魄力。流媒体对于苹果来说是充满未知数的新战场，所幸的是库克早就做好了准备工作。苹果在2017年就专门设立了原创内容部门，未雨绸缪地吸引了一大批专业影视制作公司的知名人士，让他们积极地参与Apple TV＋的内容生态构建。库克也不拘泥于特定的重点方向，而是从电影、剧集、新闻、纪录片等全方位入手，尽力覆盖所有人群，同时兼顾质量和口碑。有了提前布局，库克在宣布推出Apple TV＋时就阐明了这一战略："我们的使命是给大家带来最具创意的头脑创作出的最好的原创故事、真正值得信任的故事和有意义的故事。"

库克讲话的独特之处在于，他总是能用高度凝练且具有感染力的措辞来阐述复杂事件的全过程，比如在这段话中，他就把Apple TV＋的发展战略以最简练的形式表达出来：通过原创内容为 Apple TV＋赢得一席之地。

经过几年的深耕打磨，Apple TV＋凭借出色的内容树立起了较好的口碑。2021年1月，Apple TV＋以当届电影节的最高价——2500万美元买下了《健听女孩》的发行出品权，该片在2022年获得奥斯卡最佳影片大奖，Apple TV＋也在该片获奖后的一周内增加了25％的新用户，同时提高了300％的收视率。通过购入优质电影，Apple TV＋不断充实并提升片库的整体质量，吸引用户并扩大自身影响力。

根据2022年3月27日苹果发布的消息可知，自从 Apple TV＋上线以来，推出的剧集与电影获得了包括奥斯卡、英国电影学院奖、评论家选择奖等在内的240项大奖和953项提名，Apple TV＋的市场份额也在不断向 HBO Max 逼近。

流媒体平台维系用户付费的核心是不断更新的片库，吃老底这种策略是不管用的，库克深知这一点，所以 Apple TV＋在2022年宣布：每周至少推出一个节目。

现在进入 Apple TV＋的目录，你能看到电影、剧集、全年龄段动画、纪录片以及脱口秀等多个类别，虽然目前资源总量不多，但质量都经得起市场的检验。"高口碑＋高质量"，这就是库克为 Apple TV＋寻找的制胜武器。虽然目前 Apple TV＋和其他流媒体巨头在用户体量和忠诚度上都存在一定差距，但 Apple TV＋的发展势头已经毋庸置疑。尽管还有很多障碍需要突破，但苹果已经做好了打持久战的准备，正如库克所说："自从 Apple TV 发布以来，我们清楚地知道我们已经牵动了一条重要的绳索，我们还有很多的事要做，我们愿意做改变整个娱乐业的催化剂。"

Chapter 9

杀出重围：
战略与定力

Chapter 9 杀出重围：战略与定力

01
和谷歌的正面较量

苹果有很多对手，但在众多对手中，有一个与之缠斗多年且依然难分难解的，那就是谷歌。

从个性上讲，库克似乎不像乔布斯那样争强好胜。的确，他是一个不把输赢挂在嘴上的人，却是喜欢在暗中较劲并不轻言放弃的人，尤其是在他成为CEO以后，他清楚要想让苹果继续保持竞争优势，不仅要部署产品发展计划，还要拿出精力和对手比拼。因此只要预见到市场正在发生变化，库克就会立即采取相应的策略，为苹果赢得市场空间。

无独有偶，作为硅谷的另一个传奇，成立于1998年的谷歌虽然企业发展历史无法和苹果相比，却后劲十足，而且同样具有在多个领域称霸的雄心壮志，于是自然而然地成为苹果发展道路上的劲敌。

广告业务是库克对战谷歌的一次"小试牛刀"。

从2008年开始，谷歌凭借其搜索引擎业务在北美广告市场中占了很高的份额。这原本对苹果不构成什么威胁，然而谷歌成功收购了美国著名网络广告服务商DoubleClick Inc.之后，其业务范围扩展到了搜索广告之外，获得了图片广告和横幅广告等新的盈利点，为此谷歌还组建了工程和销售团队，开始研究如何从社交网站中获取利润。在2012年，谷歌的显示广告收入就超过了Facebook，市场份额达到了15.4%。

苹果虽然也有广告业务，但毕竟不是其主攻方向，不过库克十分注重培养苹果的营销能力。面对谷歌的做大做强,苹果感受到了一丝压迫感和危机。毕竟谷歌同属IT企业,在智能硬件领域一样野心不小,如果任由其在广告领域跑马圈地,未来苹果无论开发出何等高端产品,仅在宣传方面就会被谷歌强压一头,这是库克不能容忍的。为此,乔布斯在2009年收购了移动广告平台Quattro Wireless并将其命名为iAd,很快它被苹果改造成一个打破传统广告模式的营销利器。

iAd是帮助用户制作广告内容的工具,当用户点击一个广告后,iAd就能在程序中打开一个HTML5格式的广告,用户关闭广告又能立即回到应用程序中,从而避免像一般网络广告那样让用户停留在广告网站里。这是一个能够极大提升用户体验感的软件。于是,苹果旗下的手机广告公司停止了传统手机广告的订单,转而将所有资源都投放到互动式的iAd广告中,很快就引起了消费者的关注。

凭借这个创意应用,苹果仅在2010年就赢得了50%的手机广告市场。到了2010年下半年,不少厂商纷纷找到苹果洽谈合作事宜,合同总价值超过了6000万美元,其中包括百思买、香奈儿、联合利华、通用等多家著名企业。

虽然iAd确实带给用户不同凡响的全新体验,但因为苹果并没有将广告业务当成主赛道,而主要是为了阻击谷歌的广告业务做大,所以从2011年开始,苹果在手机广告市场的份额不断下滑。尽管如此,iAd的横空出世还是在一定程度上遏制了谷歌当时高歌猛进的扩张节奏,而对于谷歌来说,显示广告的增长点还是逐渐转移到了YouTube上。从这个角度看,苹果和谷歌的竞争已经不在一个赛道上。

库克没有为广告业务添油加柴,并不是害怕和谷歌继续死磕,而是绕回到了"用户体验"的初心上:如果苹果过于贪婪地吃广告红利,那么苹果的全系产品会充斥铺天盖地的广告,这就会直接毁掉苹果用户最为在乎的优势之一——比安卓手机更清净的使用环境。

尽管这次广告业务之争算是小打小闹，但苹果不甘被动挨打的态度还是充分表现出来，而苹果和谷歌在另一个战场的厮杀就显得更加精彩了，那就是人工智能。

在2015年的I/O开发者大会上，谷歌发布了Now On Tap——一款利用语境信息让智能手机更加智能的软件。比如你收到朋友发来约在某地见面的短信，Now On Tap就能立即将这件事添加在日历上并为你指示通往约会地点的路线，甚至还有餐厅选择、停车场和商店推荐等，就像是一个有生命的管家，因此Now On Tap一经发布就打动了不少用户。然而就在同一年，苹果在WWDC全球开发者大会上发布了新一代的Siri，一款和Now On Tap相比毫不逊色的智能语音助手。

无论对苹果还是谷歌，人工智能都意味着未来争夺用户的硬实力，因为随着科技的进步，人会变得越来越"懒"，越来越依赖智能设备，因此智能设备不仅要在硬件参数上亮眼，更要在软件参数也就是"拟人智能"方面足够优秀。库克深知这一点，他将苹果基于情境服务的智能化程度当成发力的关键点，核心目的只有一个：让用户的工作和生活变得更加轻松愉悦。

2022年，谷歌推出了拥有AI图像识别技术的"Google Lens"，简单说它就像是一双活灵活现的眼睛，能够帮助用户识别和分析拍摄的照片，以便让另一款智能应用"谷歌助手"（Google Assistant）进行相关操作。除了实用功能外，Google Lens还为谷歌创造了商机，比如用户在餐馆消费时，可以通过Google Lens看到的店面营销广告来进行最划算的点餐搭配。

就目前谷歌发布的各类新技术来看，其在人工智能方面的体验感确实要优于苹果，毕竟谷歌从本质上是软件服务企业，而苹果是依靠硬件起家，企业的"第一性原理"不同。但是，库克不会因此而向谷歌示弱，身为CEO的他明白苹果必须完成一项任务，那就是将自己的应用和服务尽可能多地呈现在用户的各种终端设备上，这样才能刺激用户消费各种产品和服务。即便谷歌具有先发优势，苹果作为后发者也不能自甘落后。

压力面前，库克该如何找出破局点呢？

和苹果相比，谷歌可以通过自家的多项应用，如Google Docs、Gmail以及Google Calendar来获取大量的用户数据，给予了人工智能训练的机会。不过苹果也具备了谷歌不具备的一项能力——芯片方面的控制能力。毕竟一切软件应用要基于硬件来运行，而苹果具备了自研芯片的能力，就避免了通过第三方设备来实现人工智能的处境，在这方面谷歌处于绝对弱势。

当然，人工智能只是苹果和谷歌众多战场中的一个，双方在智能设备的入口争夺上也同样激烈。

在智能手机刚刚诞生时，并不存在真正意义上的"入口"，市场关注的无非是谁家卖的手机更多而已，但是随着用户对智能设备的依赖和各种应用软件的生态日渐成熟，市场已没有多少增量空间，那么谁的用户触达率更高，谁就掌握了主动权。所以近几年苹果和谷歌在智能设备上的争夺进入白热化阶段，此时一部iPhone的售出代表着苹果又多了一个通往用户的入口，同样，安卓手机对谷歌的意义也是如此。

有意思的是，虽然苹果和谷歌在众多产品线上打得热闹，但如果仔细对比两家的财报就会发现，谷歌的主要收入来源是广告，而苹果则是硬件设备的收入。但事物不能只看表面，虽然看似没有直接的利益纠纷，但两家企业都意识到移动互联网的发展正在让彼此的利益冲突增多。以谷歌为例，广告收入越来越依赖移动设备，而如果这些设备都是来自苹果的，那就等于把命运交给了苹果。这也可以解释为什么当年库克要开发iAd，因为一旦苹果真的占据了入口，就必须有经营广告业务的能力，而这些尝试要提前进行，否则即便抢占了入口，也会因为经营不当而流失用户。

人工智能之战代表着对用户心智的争夺，而入口之战代表着对接触用户的机会之争，受到这两个战场的影响，苹果和谷歌的竞争正在逐步扩大到移动支付、车联网、可穿戴设备以及智能家居等多个领域，而这些战场很可能会演变为未来的主战场。

从客观的角度看，苹果和谷歌之争造福了全世界的消费者，因为它们会不断定义移动互联网、智能设备乃至人类的生活方式，会加速一个具有比肩工业革命历史意义的新时代的到来。因此毫不夸张地讲，苹果和谷歌的竞争正在改变着行业乃至整个世界，所幸库克在这场激烈的竞争中始终保持着昂扬的斗志和稳健的步伐，否则我们可能不会见识到令人眼花缭乱的新产品和新服务了。

02
利益与立场的抉择

英国前首相帕麦斯顿曾说过一句经典名言:"没有永远的朋友,仅有永远的利益。"中国也有句类似的古话:"三十年河东,三十年河西。"的确,在时代不断发展的背景下,任何曾经敌对或者亲密的关系都可能走向反面,而驱动这一切的自然是利益。

在苹果的企业发展史中,除了谷歌这个难缠的对手之外,还有一个堪称斗得你死我活的对手,那就是库克之前供职的IBM。

在乔布斯时代,IBM可谓苹果的第一劲敌,两家剑拔弩张到什么程度呢?当年28岁的乔布斯路过纽约曼哈顿的IBM公司大楼时,竟然对着它竖起了中指并被拍了下来。用当时苹果的叙事方式讲,IBM就是一个称霸行业、野蛮专断的"社会大哥",而苹果则代表着争取自由的新一代。两家展开了旷日持久的激烈竞争,不过,这种残酷的斗争并没有持续至今,因为它被一个人成功地阻拦了。

你或许已经猜到了,这个"劝架者"就是库克。或许有人又要发表"高论":这是库克第几次"背叛"乔布斯了?

在乔布斯时代,苹果和IBM的确是剑拔弩张的关系,因为双方在个人电脑市场有着明确的利益争夺关系,甚至IBM一度威胁到了苹果的生存。然而在库克成为CEO之后,他经过冷静的分析认为,两家企业如果合作,其产生的收益将远比争个你死我活之后的收益更大。对此库克态度鲜明地表示:"我想,与IBM达成交易对我而言是一次伟大的举措,因为这将给用户一个从不同于过去的视角来了解苹果的机会。"

在库克看来,和IBM的联手绝非对乔布斯精神的背叛,相反,这种"联姻关系"可以拓宽双方的市场,其中一些新领域是苹果之前没有涉及的,而这些成就单靠残酷的竞争很难达成。所以库克才信心满满地表示:"IBM为平板产品带来了重大的企业知识,而我们给了企业它们所想要的产品。因此我们之间不存在任何竞争。对我来说,这是一场没有隔阂的完美婚姻。"

正如前面我们分析的那样,所谓的"乔布斯精神"并非纸面上的规矩、制度、框架,而是一种符合苹果核心利益的隐性存在。比如与IBM握手言和,只要不违背苹果核心利益,那就不能被看成是对乔布斯的背叛。或许,有人认为这不过是库克的"商人思维"又发作了,但其实正是库克的商人思维把乔布斯精神的内核具象化、目标化了。

在库克的分析体系中,IBM也好,微软也好,它们不过是和苹果存在局部利益冲突,而真正和苹果争抢赛道的是谷歌,因为谷歌一直为苹果的老对手三星提供安卓系统并形成了稳固的安卓生态链,养活了一条能和iOS系统相抗衡的软硬件"食物链",而谷歌就是这条"食物链"顶端的主宰者。更重要的是,谷歌在人工智能、硬件设备等领域也和苹果有相似的野心,虽然两家各有所长,但长期挤在一条赛道中,利益冲突是在所难免的。

库克和IBM的修好始于2014年。

2014年7月,苹果正式宣布和IBM建立合作伙伴关系,由此将业务重点放在了企业级移动市场上。强强联合可以帮助两家企业将各自市场上的优势最大限度地发挥出来:IBM的大数据分析能力和苹果的智能设备,二者结合之后,就能缔造出一个更符合企业用户需求的明星产品。

众所周知,企业用户市场并非苹果的强项,这是因为苹果缺少具有垂直深度的应用，比如航空公司飞行员所需要的应用或者银行出纳员所需要的应用。随着个人用户市场趋于饱和，库克敏锐地意识到必须带着苹果向企业用户市场进军，这样才能为苹果拓展更广阔的生存空间。而想要达成这一目标，单靠苹果自己是无力完成的，必须寻找一个在企业用户领域有着丰富经验的合作伙伴，而IBM这个老冤家刚好符合要求。正如库克所说："IBM在许多垂直服务方面拥有丰富的知识，它还拥有强大的销售力量，因此IBM将能够给苹果公司提供足够的企业领域相关的知识和经验。"

在多行业的垂直服务领域，IBM可以根据企业的不同需求设计不同的应用，比如银行、医药、航空等，而苹果要做的就是不断为企业用户提供他们想要的硬件产品，这在库克看来就是一种"天作之合"，苹果和IBM可以互相弥补短板，产生"1+1＞2"的效果。

2015年3月3日，苹果和IBM同时亮相在巴塞罗那世界移动通信大会上，现场展示了基于iPhone和iPad终端的企业级应用，此外还公布了三款分别针对航空、零售和金融行业设计的应用程序。在之后的几年里，苹果和IBM陆续合作发布了涵盖金融保险、银行财政、通信服务、公共事业以及能源管理等众多行业领域的定制程序，每一款应用都有各自不同的功能和成就。此外苹果也会根据企业用户的需求变化而制定新的产品策略。

当然，与老对手合作，库克要突破的障碍很多，最核心的就是双方究竟采取什么方式合作，因为这涉及合作中的话语权问题，毕竟彼此有过竞争的历史，这是一个比较敏感的问题，如果处理不当，合作就很容易泡汤。

为了让IBM感受到苹果合作的诚意，早在2013年，库克就率领团队向IBM表示了合作的意向，由于库克本人在IBM也有一定的影响力，加之IBM当时的营收状况不佳，与苹果合作也不失为找到了强力的盟友。

虽然经历了多次的沟通和谈判，但库克一直坚持让苹果在工程、营销、开发、市场等方面的精英都参与进来，既展示了苹果的软实力，也表达了合作的强烈意愿和尊重的态度，最终IBM接受了库克的提议。

2014年，库克果断地和IBM共同宣布双方达成"排他性合作协议"，即"联合两家公司领先市场的力量，通过一种新类别的商务应用来改造企业移动市场"。

所谓"排他性"，是指IBM的大数据和分析能力只被允许引入苹果的iPhone和iPad等产品中，而不能出现在安卓阵营的终端产品里。从这个协议可以看出，库克在合作中还是努力占据主动权，在确保IBM的基本利益的前提下，把更多的权益倾斜到苹果这一方来。后来的确有人证实，IBM的销售人员被要求只能使用苹果的Mac计算机，而不能使用其他品牌的电脑。

诚意中带着强势，强势中透出自信，这并非库克耍大牌，而是苹果和IBM的实力存在一定差距：2011年，苹果的净利润相当于IBM的1.6倍，收入规模是IBM的1.01倍。而到了2021年，这两组数据分别变成了16.5倍和6.38倍。

2014年12月11日，苹果和IBM联合推出了名为"IBM MobileFirst for iOS"的10款企业管理与分析应用，意在打造一款"企业版的iOS"，凭借苹果的优质硬件设备和IBM的企业大数据和云服务解决方案来获取大批量的企业客户。该应用很快就吸引了花旗银行、加拿大航空、墨西哥北方银行等著名公司。

与IBM化敌为友，对谷歌保持戒心，这是库克分析了苹果的生存环境后采取的策略。如果乔布斯健在，可能这种合作会化为泡影，因为乔布斯经营管理下的苹果主要是以产品来驱动公司，原则性和封闭性更强，而库克的思路更接近"市场驱动"，灵活性和开放性更强。当然，不能简单地理解为乔布斯保守顽固、库克开放先进，毕竟两人身处的时代有很大区别，比如个人消费市场增量减少、硬件技术遭遇天花板等等，这些客观条件的变化也在逼迫库克改变乔布斯时代的市场策略。

也许有人会说，IBM最近几年表现平平甚至在走下坡路，这种和苹果不对等的合作难以长久，不过库克却不这样认为，他说："IBM与苹果是'没有竞争，完全互补'的两家企业。"总的来说，与IBM合作对库克还是充满着吸引力的，毕竟这家企业对他而言是职业生涯的一部分，这种潜藏的个人情感也是不可忽略的一部分。至于IBM，公司上下也想重振雄风，而借助苹果的平台优势会少走弯路，合作也是一种明智之举。

对竞争对手保持理性和包容的态度，这是库克顺应时代发展的表现，他从不惧怕竞争，但也从不推崇竞争，对他来说，竞争永远只是一种二选一的手段，如有可能，不如尽力合作，只要能为苹果创造更大的价值。

03
望向东方：中国市场战略分析

有人说，乔布斯和库克最大的不同，并不在于创新能力，而是对中国市场的态度。乔布斯十分沉迷于东方文化，是虔诚的佛教徒，然而他对中国市场的态度却非常消极，在他出任苹果的CEO时，中国只有2家苹果的专卖店。直到乔布斯去世，他都不曾踏上过中国的土地。

乔布斯为何不看重中国呢？他并没有公开说明原因，我们只能推测他认为中国的平均消费水平较低，对于苹果这种走高端路线的产品消费能力有限，而他也不可能专门为了中国消费者而刻意降低价格，因此索性就顺其自然了。

虽然上述理由只是推测，但有一点可以肯定，那就是乔布斯没有意识到中国消费者对电子产品的购买欲望不输欧美发达国家，甚至在某种程度上更为强烈（有研究认为中国消费者喜欢把电子产品当成社会地位的象征），而且随着中国经济的发展，苹果全系产品价格即使再贵也依然有人竞相购买。因此从商业策略上看，乔布斯轻视中国是错误的。

而库克在进入苹果之后，对中国的态度和乔布斯截然相反，他意识到单就手机消费市场而言，中国的体量就足以位列世界第一，这还不算其他数码产品，所以苹果绝不能放弃这块市场。为此，库克专门找到乔布斯进行了一次长谈，表示苹果应该改变对中国市场和中国消费者的偏见，乔布斯听了之后也没有表示反对，于是库克就马上开始了进军中国的行动。他联系了当时中国第二大PC制造商方正集团并签署了协议，通过在方正电脑中搭载苹果的iTunes音乐软件打开了通往中国市场的大门。

库克的思路非常清晰，苹果要真正占据中国消费市场，首先想的应该不是赚钱，而是要培养"好感度"和"熟悉度"，通过iTunes让消费者习惯使用并尝试付费下载这种新模式。随后iPod也进入了中国市场并直接给索尼带来了巨大压力。彼时的索尼已经在中国的音乐消费市场经营了25年，对中国用户来说是信仰般的存在，然而库克只用一年就夺走了它的霸主地位，让iPod在中国乃至亚洲市场的影响力与日俱增。

尽管乔布斯同意库克进军中国的计划，但他并没有意识到中国市场的增长潜力，而库克却敏锐地意识到，只要十年的时间，中国就能成长为全球最大的消费类电子产品市场，而这十年就是苹果发力的十年，一旦错过机会就会成为下一个索尼。

2004年7月，苹果在北京召开了iPod mini新品发布会，这是一次规模空前巨大的会议，标志着苹果在中国市场展开新战略，也标志着苹果确立了拿下中国市场的战略目标。

为了从MP3用户中抢走市场份额，库克先后和中国的天雄伟业、北纬机电等经销商合作，矛头直指当时新加坡的创新科技公司，彼时它是苹果在音乐消费市场的主要竞争对手。随着库克不断寻找有实力的代理商，iPod的销售渠道越来越广，销量一路增加，仅在当年，iPod mini的月销量增幅达到了300%。然而库克并没有就此满足，他甚至果断得有些冷酷地甩掉了北纬机电，转而和北京翰林汇和朝华科技两家公司合作。二者都是IBM产品的代销商，业务能力不在话下，加上库克有着在IBM工作的经验，所以合作起来也没有障碍。与此同时，库克加大了iPod在中国市场的广告投放力度，让更多的中国消费者渐渐熟知了这款产品，用户群体日益壮大，iPod很快就成了中国电子消费市场上的新宠。

iPod为苹果进军中国打响了第一枪，这不仅是苹果的胜利，更是库克决策的胜利。因为苹果内部一直深受乔布斯观念的影响,也不看好中国市场,然而库克的一番操作证明了他的战略眼光是能给苹果带来收益的。后来,库克继续发力,将苹果的整条产品线都搬到中国,使之成为中国市场的有力竞争者。

2009年8月28日,苹果和中国联通联合宣布:iPhone手机将在2009年第四季度进入中国市场,预计推出的版本为iPhone 3G和iPhone 3GS两款。在此之前,苹果找到的是中国移动,但因为数据服务费的问题没有谈拢,导致库克的计划被拖延了,但他并没有放弃,最终通过中国联通搭建了新的销售桥梁。为此他不无感慨地表示:"这款苹果公司最具标志意义的产品就是在中国境内制造的,估计已有200万台iPhone通过黑市流入中国,说明存在巨大的需求空间。这是一个拥有7亿移动电话用户的市场,比美国和欧洲的用户加起来还要多。"

库克的野心被中国市场的潜力进一步激发,他马上又和中国电信签署了合作协议,多渠道地触及消费人群。在库克的努力下,中国的苹果专卖店在2010年10月增加到了4家,虽然听起来少得可怜,但这4个店在一个季度就创造了38亿美元的收入。

2010年9月17日,iPad正式进入中国市场,仅用短短的两年时间就在中国的平板电脑市场中占据了将近75%的市场份额。取得如此傲人业绩,多亏了库克的精心安排,因为他认准了中国市场缺少有竞争力的平板电脑,而用户需求量同样惊人。事实证明他的预测是正确的,仅在2012年第二季度,中国消费者购买的234万台平板电脑中就有72.6%是iPad,远远将其他品牌的平板电脑甩在身后,第二名的联想和第三名的三星加起来也只占总销量的11.97%。至此,苹果这一品牌已经在中国市场成为信仰般的存在。

2012年3月,继任CEO仅6个月的库克率领庞大的苹果高层团队访问中国,这是他作为CEO第一次访华。当时很多人认为这不过是他新官上任之后的例行公事，可谁能想到，库克由此开始了频繁访华，平均每半年就要来中国一次，和乔布斯形成了鲜明的对比。不仅如此，库克的形象也因为频繁访华而被广大消费者接受和喜欢。乔布斯容易给人"暴君"的感觉，而库克更像是一个知识分子，他在首次访华时在北京大悦城的苹果专营店亮相，和多位"果粉"亲切合影，丝毫没有高冷、傲慢的态度，迅速捕获了中国"果粉"的"芳心"。

频繁访华不仅让中国的消费者了解库克，也让库克进一步接触到了中国的消费者，从而摆脱刻板印象可能带来的商机误判。正是有了对中国市场的感性认识，库克在营销iPad mini时就采取了另辟蹊径的办法——他将iPad mini定位为儿童玩具。

作为一款成熟产品，iPad mini和儿童玩具似乎完全搭不上边。苹果内部的人认为，中国消费者不可能买这样一个价值不菲的东西给孩子玩，因为在美国有过类似的购买意向调查，结果80%的消费者表示不会给孩子买iPad mini，而是购买iPhone。然而库克却坚定地表示，这是他对中国市场经年累月调研后的结论。

其实库克的分析是正确的，他看到了中美两国在教育理念上的分歧：从功能定位上看，iPhone是移动电话，iPad是平板电脑，前者主要以有社会关系的成年人为目标，而后者的大屏幕、触控反馈和颜色显示非常符合教育需求，所以一部分中国家长和教育机构都会把iPad mini当成教学设备。

最终业绩说明了一切，2012年第二季度，iPad在中国平板电脑的市场占有率达到了72.6%。库克的这个营销策略并没有翻车，反而把众多竞争对手打蒙了，他们无论如何也不会想到库克会以儿童教育为营销切入点，足见他对中国消费者是真的用心琢磨了。时至今日，iPad在各大电商平台的营销介绍中，依然有"教育优惠版"的话术，它已经毫无争议地成为电子教育设备的首选。

随着iPod、iPhone、iPad等产品在中国大卖，Mac也成功杀入，但因为后续营销力度不足，并没有达到库克的预期，他希望Mac能像苹果的其他拳头产品那样有更好的表现。为此库克马上进行战略调整，对发售到中国的Mac进行了系统更新，配置出全新的产品线，诸如MacBook Air、MacBook Pro等，价格上也拉开区间，万元内也能让消费者买到一款做工精致、轻薄便携的Mac，同时在硬件方面引入了视网膜屏等先进技术。于是，越来越多的用户开始把Mac当成高端电子产品的代名词。

虽然赚得盆满钵满，但库克并不满足，他认为中国市场还有潜力可挖，为此他开始通过适配中国用户的软件生态来提高苹果的市场占有率。

2012年6月，在美国旧金山召开的苹果全球开发者大会上，苹果推出了支持中文操作的iOS 6系统。在这次具有代表性的会议上，库克一针见血地表示：如果想要征服中国用户，苹果就必须把营销的剑刃深深刺入市场的内核，这样才能发掘更多的真金。为此，库克大胆地提出了本土化策略，让苹果以iOS操作系统为切入点，植入具有中国文化符号的元素，比如网民们喜欢的新浪微博、百度、优酷等社交平台和视频网站，提升用户的体验感和亲切感，甚至还让Siri接上了中国国内的LBS数据库，如果用户问"附近有哪些咖啡馆"，Siri会马上给出准确的信息。种种操作都表示库克一直琢磨着如何打动中国的消费者。

乔布斯深知自己搞不定中国市场，然而库克却做到了他不曾想到更不曾做到的事情，之所以会产生这种差距，又要归结为二人的性格之差：乔布斯的艺术家气质让他更相信直觉，所以他对中国市场既轻视又"恐惧"，但库克的商人思维让他相信理性分析，他知道苹果会在中国市场大有作为，所以才不遗余力地一头扎进去，他用行动向外人宣布：如果苹果有称霸世界的野心，那就绝不能放弃中国。

04
力挽狂澜：当"门"事件来袭

常言道：树大招风。企业做大之后，随便一件小事都会被无限放大，加上媒体和舆论的发酵，便会成为各种真假难辨的"门"事件，这对于苹果来说已经成了家常便饭。

2020年，iPhone 12系列手机进入市场之后，不少用户反映，虽然更换了高通基带芯片，却依然存在信号差的问题，只有通过重启才能解决。一时间，各大媒体都在报道苹果的这次"信号门"事件，在某些媒体口中，iPhone 12简直成了无法接打电话的"砖头"。

信号是手机的核心，一部信号差的手机即便其他功能再强，也失去了作为通信工具存在的意义。对此，苹果官方马上给予回应：iPhone 12系列手机的信号问题并非硬件缺陷，而是存在软件冲突和间歇性问题，建议用户通过重插SIM卡或者更新运营商网络设置和新版iOS系统来解决。后来，经过用户验证，发现把iOS更新到14.2版本就能解决信号问题，这一版本的系统是非常稳定的。

客观地讲，iPhone 12的天线确实存在设计上的缺陷，但这种缺陷还是可以通过系统升级来解决的，至少和某些媒体的夸张报道存在较大出入。本次"信号门"事件也再次证明了媒体的确喜欢收集和放大苹果的所谓"黑料"，而库克也经常被推到风口浪尖上。所幸的是，每一次经历至暗时刻，库克都能通过危机公关来扭转公众对苹果以及对他自己的认识，其中最具有代表性的就是苹果"避税门"事件。

2013年，美国政客对苹果的税务问题进行了严密的审查，起因是当时一些大型企业的确存在避税行为，让很多民众深感不满。紧接着，美国参议院下属委员会发布的一篇报告中称，苹果身为跨国公司利用美国税法漏洞而合法避税，该报告提到了苹果通过设立爱尔兰子公司和复杂的税务体系于2011年逃掉了至少35亿美元的联邦企业所得税，而在2012年苹果避税的金额高达90亿美元。

众所周知，在美国逃税是一个极其严重的问题，著名的黑帮头子阿尔·卡彭，连FBI都对其无可奈何，却最终因为"逃税罪"而锒铛入狱；前总统奥巴马的得力干将达施勒因为税务问题而被拉下马；流行音乐巨星迈克尔·杰克逊去世后只留下700万美元的遗产，却被罚了1.97亿美元……难怪美国民众都在流传一条生存经验：惹谁也别惹国税局。

苹果此次的"逃税门"事件对库克来说自然是一次严峻的考验，轻则可能罚款了事，重则可能会断送苹果的未来。

2013年5月22日，库克为了回应有关苹果设立爱尔兰子公司以避税数10亿元美元的指责，参与了一场听证会。这是库克以苹果CEO身份第一次自愿参加参议院听证会。原本大家为这位走马上任不久的新CEO捏了一把汗，然而库克在听证会上的表现却十分抢眼，他仅凭一己之力舌战多名参议员，终于让大家刷新了对库克"儒雅温和"的刻板印象。

听证会开始后，时任美国共和党参议员约翰·麦凯恩对库克说："外界传言你是一个既聪明又强势的人，事实证明果然如此。"这句话听起来像是在恭维，实则在暗示库克"狡猾而顽固"，可谓直接给了对方一个下马威，然而库克面对这些善于唇舌之战的政客丝毫不落下风，随着他回答的问题越来越多，麦凯恩最终被库克从容镇定的表现折服了。

那么，库克在听证会上究竟都说了些什么呢？库克向现场所有人强调了苹果从创立至今就是一家创新公司，为美国民众提供了60万个就业岗位。随着他娓娓道来，听证会逐渐变成了库克借机宣传苹果的宣传大会，而之前那种口诛笔伐甚至置之死地而后快的氛围一扫而光。更重要的是，库克还大胆地呼吁，美国政府对企业的税率应该有所下调，这样才能鼓励苹果把存在海外的1000亿美元转移回美国本土。

关于这次听证会的核心内容——爱尔兰公司，库克是这样解释的：该企业是由他苦心创办的，之所以没有设立在美国本土，是因为爱尔兰当地的利润税率只有2%，这是合理合法对美国税法的规避，而并非恶意逃税。随后，一位参议员问库克："和美国本土企业相较，苹果是否拥有不对等的优势？"面对这个敏感问题，库克是这样回答的："我的看法和你不同。我们在美国以外地区的税率确实较低，但是针对的是在美国以外地区的销售所得……就我看来，并没有收入移转的问题。"他的理性回击让议员们哑口无言，于是就有一位参议员扯开话题，问了他一个哭笑不得的问题："我一直都非常忙碌，但为什么总得花时间去更新iPhone上面的软件？你就不能把这点处理好吗？"

虽然这位参议员提出的问题比较奇葩，也完全背离了主题，不过库克并没有就此失态，反而像一位经验老到的公关经理那样作出了解释：苹果一直在努力将产品做得更好。除此之外，库克并没有再多说废话，因为他很清楚，这种看似跑题的提问其实是想从库克的解释中找出漏洞加以攻击，所以库克惜字如金，丝毫不给对方抓住把柄的机会。

实际上，这次听证会上的奇葩发言不胜枚举，因为听证会从以苹果避税为主题，逐渐转移到了对库克身为CEO的个人攻击上，以至于让库克似乎成了法庭上的被告。不过，在库克机敏的头脑和出众的口才之下，一切具有攻击性的提问都被他一一化解。在谈到避税这个核心问题时，库克斩钉截铁地表示，苹果获取的每一分利润都是纳过税的，而且凭借苹果的盈利能力也无须走逃税这条路。除此之外，库克还旗帜鲜明地表达了苹果的立场：苹果已经向股东承诺了尽可能减少纳税的义务，从而确保股东的利益最大化。当然，库克也反复强调，苹果始终是一家美国公司，而且还是美国最大的纳税企业之一，苹果每40美元的收入中就有1美元要支付给美国财政部，而在2012年苹果一共支付了60亿美元的企业税。

库克通过摆事实讲数据的回击，让参议员们很难怀疑苹果真的会偷税漏税，无形中增强了对苹果的好感度。

在听证会上，库克并非只被动地回答问题，他也会找准机会掌握主动权，比如他提到了税制改革的重要性，相当于为所有美国企业发声，这种以攻代守的话术策略，让在场的参议员们陷入被动状态。

库克此次在听证会上"舌战群儒"，让那些说他缺乏领袖魅力的人终于闭了嘴，甚至有不少参议员认为库克的临场反应很有乔布斯的风采。不过客观地讲，乔布斯如果身处库克此时的境地，他未必会比库克做得更好。事实上，库克的绝地反击并非效仿乔布斯，而是因时因地用自己最擅长的方式为苹果自证清白。

任何一家企业做大之后，都难免背负负面新闻，不过和其他行业巨头相比，苹果的负面新闻算是比较少的，这显然和库克个人的能力分不开。虽然库克是一个看上去温文尔雅的人，但在重要场合，他始终都能保持一种不卑不亢的态度，哪怕是在听证会上被问及一些尖锐问题，他也始终面不改色，冷静温和地作出解释，同时还能聪明灵活地转移话题。即便在唇枪舌剑之中，库克也能保持礼貌和微笑，无论对方提出的问题多么刁钻离谱，他在回答之前都会先说一句"谢谢你的问题"或者"这是很好的论点"，既表达了尊重又减少了火药味，堪称"有理有利有节"的斗争典范。

不过，"避税门"事件还有后续版本。2016年，欧盟裁定苹果在爱尔兰非法逃税130亿欧元，要求苹果将税金返还给爱尔兰政府，苹果对这一判决无法接受。经过一系列的举证和上诉之后，2020年7月15日，欧盟司法机构欧盟普通法院裁决苹果公司无须向爱尔兰政府补交130亿欧元税款。由此可见，库克选择让苹果在低税率国家合法避税是受到支持的，同样也是无可指责的，毕竟库克要保证苹果的盈利空间和股东的根本权益。

身为CEO，库克已经经受住了来自方方面面的考验，或许从某个单项能力来看，库克算不上是顶尖的人才，但他的定位是为苹果统揽全局，需要的是一种全面的、平衡的综合能力，而库克毋庸置疑是具备这种能力的。他在苹果经历一场场严重危机时掌控全局，变被动为主动，化劣势为优势，这就足以证明乔布斯当初选择他是正确的决定。

Chapter 10

文化不衰，
精神不灭

Chapter 10　文化不衰，精神不灭

01
继承，从"背叛"开始

不同的企业有不同的生存法则，而在企业领导者的管理下，这套生存法则会逐渐演变为明文规矩和潜在规则，久而久之就被奉若圭臬。按道理说，如果想要延续一家企业的辉煌，这些或明或暗的规则是不能被打破的，因为打破从某种程度上讲就意味着"背叛"。然而，随着时代的发展和市场环境的变化，一些法则自身的局限性会暴露出来，这时要不要推翻法则就成为一个棘手难题。

在成为苹果的CEO以后，库克面临的难题就是乔布斯时代立下的种种规则。这些规则大多是产品设计领域的，而这一块似乎是库克的短板，如果他直接干预，很容易被人视为"外行领导内行"，但库克毕竟有通观全局的能力和责任，如果他完全放弃对产品设计的管理和引导，那么他作为CEO的价值将大打折扣。经过利弊权衡之后，库克决心朝着自己的"软肋"发力。

知人善任的库克召集了一批设计天才和营销天才帮助他补齐短板，其中包括设计大咖乔纳森·艾维（后来离开苹果）和营销大师菲利普·席勒。当时，这两位得力干将都是苹果的元老，论资历和专业能力都比库克更胜一筹，而从苹果内部的视角看，刚刚接替乔布斯的库克不过是一个从康柏"投诚"过来的佣兵。这时库克面临着两难选择：要么将设计和营销工作全权交给艾维和席勒，虽然丢失一部分管理权却容易赢得内部人士的

好感；要么将全部大权依然揽在自己手中，承受可能到来的各种非议。库克经过深思熟虑，最终选择了后者。

从表面上看，库克没有大权下放好像是因为贪恋权力，或者是对苹果的元老不够信任。但从库克个人的视角看，经过在苹果摸爬滚打的十余年锻炼，他已经在设计方面积累了不少专业知识和经验，至于营销领域，库克之前在IBM就已经能独当一面，需要适应的不过是符合苹果调性的营销方式。当然，从更深一层来看，如果库克始终不敢亲自接手，那么他永远都是一个门外汉，不仅无法真正服众，也容易失去对苹果产品的正确理解，所以库克宁肯用"交学费"的方式来换取个人的成长，也不准备做一个"脱产"的领导者。

实际上，在库克超强的学习能力之下，他对苹果的理解已经接近了乔布斯的水平，至少作为一个非开拓时期的CEO来说已经足够。不过，库克并没有降低对自己的要求，他开始组建属于自己的智囊团队——Top100智囊团。

单从名字上可知，这支团队是从苹果的精英团队中精挑细选出来的，也就是"精英中的精英"。当然，这种智囊团辅佐CEO的模式并非库克首创。早年乔布斯也拥有一支智囊团队，他平均每三天都要和智囊团探讨苹果未来的发展问题，不过由于他们讨论的内容都涉及苹果的核心机密，所以究竟团队中都有哪些成员，外界不得而知，这个团队因此蒙上了一层神秘的面纱。

智囊团的成员们必须严守规矩，不能向外透露自己是团队成员，因为他们肩负着事关苹果生死大计的重任，当初乔布斯的很多划时代的创意都是和智囊团碰撞而产生火花的。难怪乔布斯感慨地表示："假如我再一次被公司扫地出门，我一定会把这Top100带走的。"

库克在接替乔布斯以后，获得智囊团对他的支持是稳定大局的关键。毕竟库克要学习的内容太多了，而这些超级精英为库克提供的是从书本中难以汲取不到的知识和经验。毫不夸张地讲，库克的个人前程、苹果的发展大计都和这一百个人紧紧地绑在了一起。

虽然乔布斯开创了智囊团辅佐的模式，但真正利用好智囊团的还是库克，毕竟乔布斯很多时候固执且专断，他虽然会听取智囊团的建议，但只要涉及苹果发展的大政方针往往会固执己见。相比之下，库克因为更需要学习和成长，加之他懂得调和的性格使然，他和智囊团的绑定程度更深，很多时候都会虚心接受意见和建议。

在智囊团的辅佐下，库克在设计领域有了更多的认识和见解。iPhone 5在设计时，尽管乔布斯也有参与进来，不过主要发挥的作用是引导大方向，而库克则负责细节和落实，如果他没有领悟乔布斯的设计理念，那么iPhone 5必然会成为一个失败品。

不过，库克也并非完全复刻乔布斯的设计思路，因为他思考的着眼点总是落在用户需求上。比如在第三代的iPad Air上，用户惊喜地发现可以使用触控笔了。实际上这个姗姗来迟的配件早就应该提供给商务人士，只是在乔布斯时代，他多次在公开场合表示讨厌触控笔的存在，他认为智能手机和平板电脑已经可以采用多点触控了，多一支笔简直就是累赘。

关于乔布斯对触控笔的评价，只能说乔布斯脑海中的应用场景还比较有限，对于一些习惯用笔且需要通过自由图画来办公的人士，触控笔是不可或缺的存在。在这个问题上，库克没有盲目遵从乔布斯的观点，甚至在平板电脑的尺寸上也"违背"了乔布斯的意志。

时钟拨回到2010年，乔布斯对市面上热销的小屏幕平板十分不屑，他认为iPad的10英寸屏幕是平板电脑尺寸的下限，再小一点的屏幕就很难操控，除非"把人的指尖磨成针头"。但是库克还是从用户需求角度出发：对于那些经常出差的商务人士来说，小尺寸的平板易于携带，屏幕和性能也优于智能手机，加上触控笔的支持，绝对是移动办公的利器。所以在乔布斯去世一年后，库克就带领团队开发出了iPad mini系列，至今还是热销机型。

除了"小尺寸平板","大屏手机"也是人尽皆知的乔布斯"黑历史",他一直把"是否能舒服握持"当成手机屏幕尺寸的唯一标准,但其实用户更在意的还是显示画面的大小。虽然大屏幕确实不易进行单手操作,但今天的软件应用正在弥补这种缺陷,比如不限制区域的长按和滑动的功能键,以及上下皆有的退出虚拟按键等,这些都在一定程度上帮助用户完成流畅的单手操作。正是因为照顾到用户的使用体验,库克才顶着"颠覆乔布斯"的非议推出了大屏的iPhone 6、iPhone 7直至今天的iPhone14。

当然,颠覆乔布斯的设计理念,并非提出一句"把屏幕做大"就可以了。为了配合大屏幕手机的制造,库克也在同步改进iPhone的显示技术、电池技术以及软件技术等。他让苹果的设计团队专门为新手机集成了软件、硬件和服务,为此耗费了不少精力。

换个角度看,库克对乔布斯生前设计理念的颠覆并非"背叛",而是可以理解为一种精神上的传承。因为苹果的"第一性原理"就包括了"只做最好"这个重要组成部分,所以无论屏幕做大还是做小,这本身不涉及任何理念问题,关键是与之搭配的产品是否真的深受用户喜爱。这也是乔布斯最关心的问题,而库克不过是灵活掌握这一原则才对乔布斯的设计思路进行了调整,最终的效果都是让iPhone、iPad成长为苹果的明星产品。

2011年,在乔布斯去世后的第二天,苹果发布了iPhone 4S和iCloud,在这个依然充满悲伤情绪的特殊日子里,库克表示:乔布斯永远活在他的心中,而且他的精神将深深浸入苹果的每个细胞。对于库克来说,他对乔布斯的继承更多地体现在精神内核上,从不流于表面。这可以理解为一种去粗取精,也可以理解为求同存异,因为创新也好,守成也罢,都需要不同时期的掌门人根据时代发展对企业法则进行微调,有妥协也有颠覆,在破坏中确立,在确立中破坏。或许,这才是苹果的精神写照,也是乔布斯永远不曾说出来的对库克的临终遗言。

02
引导公司转型

企业要想保持长久的生命力,就要跟随时代的变化调整战略方向和经营策略,以此来适应新的市场环境。这并不是违背"第一性原理"的妥协行为,相反,这是为了保持"第一性原理"而进行的"针对性适配"。

对苹果来说,创造力就是它的"第一性原理",但要想让创造力得到最大程度的发挥,就要根据时代的发展不断重新审视创造力的内涵。

在乔布斯执掌大权时,苹果是一个以工程师为主体的企业,从上到下写满了"创造力",所有团队都围绕着一样东西来运行——产品。正因为有了这种基调,当时的苹果不管做出何种决策,总会有意无意地从工程师的视角来思考。不可否认的是,这种基调有利于将产品至上的原则最大化,有利于苹果缔造最优秀的产品,从而引领整个行业向前发展。

凡事皆有利弊,在工程师思维的主导下,市场营销退居次要地位,成本控制往往也不在考虑之列,生产效率也一样无暇顾及……这必然会给苹果的整体发展埋下隐患。乔布斯并非没有意识到这些问题,只是他在管理方面往往有心无力,实在无法抽出足够的精力来应对。不过,有一个人却愿意拿出全部精力来协调这个问题,他就是库克。

库克并非不喜欢苹果的工程师思维,但是他会站在更宏大、更长远的角度来客观评价:他承认产品至上原则让苹果具备了主导行业发展的资本,但忽视产品之外的其他管理问题,最终会让苹果在创造的道路上无法走远。毕竟，任何一家企业都不可能在所有领域都保持第一，一旦有其他企业在某方面超过了苹果且有更出色的运营管理能力，那么苹果被拉下神坛只是时间问题。

不过，此时的库克还没有身处最高决策者的位置，他也没有过多地向乔布斯表露让苹果转型的想法，毕竟这是一个创始人在短时间内难以接受的。但库克一直在默默观察并暗中思考：未来的苹果该走上一条什么样的道路呢？

在库克出任CEO之后，他终于有机会帮助苹果转型了，他的核心目标是将苹果从一个以设计为企业核心竞争力的公司转变为设计与营销并重的全球化现代企业。当然，这种转型势必经历阵痛，但库克已经做好了打硬仗的准备，他首先做的一件事就是派发股息和回购股票。

2012年3月，在库克的主导下，苹果正式对外宣布将在本财年开始时向股东派息，初步设定为每股2.65美元，这是自1995年以来苹果第一次派发股息。除此之外，苹果董事会还批准了回购100亿美元股票的计划。库克的这一政策立即得到了广大股东的支持，因为在此之前苹果在股权控制方面可谓相当苛刻，如今库克慷慨地向股东派发股息，极大地增强了股东的企业归属感，坚定了他们和苹果共同进退的信念。很快，苹果的股价开始巨幅上涨并且还有源源不断的新资金注入。

和库克相比，乔布斯是一个喜欢"存钱"的领导者，这也在某种程度上导致苹果濒临破产。从表面上看，乔布斯把现金控制在自己手中，似乎可以在危机发生时救急，但这种观念放在现代企业经营中未免有些落后，特别是当苹果想要高速发展时，过多的资金储备意味着在产品研发、市场开拓、人才招募等方面都得"抠门"，这必然会阻碍企业发展，甚至爆发更严重的危机，届时有多少现金储备都未必能让企业渡过难关。

流动的钱正如流动的水，具有鲜活的生命力和价值，反之则是死水一潭。这就是库克对企业储备现金的看法，他不想走乔布斯的老路，他想要让更多股东紧密地团结在苹果周围，事实证明他的这一举措确实得到了股东们的强烈支持，一位长期股东是这样评价库克的："（库克）正在逐渐改变苹果的文化，但的确在向着好的方向发展。根据我目前的观察，他所做的一切都是将苹果打造成为一家更有亲和力的公司。"

除了给股东派息之外，库克还做了一件乔布斯从未做过的事情，那就是做慈善。库克出台了一项令内部人士咋舌的政策：如果有员工进行慈善捐款且不超过一万美元，苹果也将进行相同金额的捐款。该政策一出，由于没有利益相关人，自然就遭到了强烈的反对，然而库克却顶住压力坚定地执行该项政策。

派发股息可以理解为增强苹果和股东的凝聚力，是有回报价值的，那么慈善捐款的意义在哪里呢？在库克看来，苹果要想成为真正超一流的企业，不仅要有过硬的实力，也要有经得起评判的口碑，而做慈善既能体现出大企业的社会责任感，又能树立良好的品牌形象。

在库克成为CEO后，苹果参与的慈善项目与日俱增而且覆盖全球范围。2021年，山西遭遇史上最强秋汛，全省多个地区被淹，近175万人受灾，苹果采取隐藏金额的方式进行捐款，和之前河南受灾时的捐款模式一样。不得不承认，库克带动苹果搞慈善确实在世界范围内收获了好感，让苹果的企业风评多年来没有出现大的黑点。

出台新政策，这不仅需要睿智的头脑，更需要强大的抗压能力。本来一些人对库克接替乔布斯就表示不满，如果库克走和乔布斯不同的路线就更容易被解读为"划清界限"。

如果库克真是为了改革而改革，那今天的苹果必然会陷入灾难的境地。事实上，库克的改革完全是基于苹果的切身利益。在他出任CEO之后，苹果的股价就迅速飙升了60%，市值增加到了5600亿美元，位列全球第一，而在乔布斯去世后的第一个季度，苹果的收入创下36年以来的最高纪录。

业绩不会说谎，市场不会袒护库克，苹果一系列的出色表现都和库克的决策分不开，正如人们对他的评价："库克担任CEO的表现应该得'A+'，这恐怕是我们见过的最顺利的公司领导层变更。"这番话讲得很实在，纵观一些知名企业，高层换代难免带来一定程度的震荡，然而库克在接替乔布斯之后，即使有质疑的声音，苹果内部却始终是铁板一块，这足以说明库克的能力是得到大部分人认可的。

库克引导苹果转型，一定程度上改变了人们对他的偏见。大家原以为他不过是一个亦步亦趋、谨小慎微的"守成之君"，无非替乔布斯管理好打下的江山。但库克大刀阔斧地进行了改革，做了乔布斯之前从未做过的事，在他的努力之下，苹果逐渐摆脱了以设计为核心的企业属性，转而将一部分精力和资源投入到市场营销方面。

库克的这种颠覆式改革，并非刻意突出自己的"英明决断"，而是为了让苹果的运营效率提升到更高的层次。他还力排众议地准许之前没有参加公司内部重大会议资格的项目经理和全球供应链经理出席会议，为的是让他们更快、更全面地了解苹果高层的运营动态，推动集体决策能力的提升。

从目前掌握的信息来看，库克正在引导苹果从以产品为导向的企业转变为以服务为导向的企业。这个思路不难理解，因为硬件创新的速度越来越慢，上升的天花板已然清晰可见，但服务的发展空间是"深不见底"的，总会有人抓住同行看不到的用户痛点。库克注重锻炼团队的市场营销能力，为的就是打通和用户之间的信息壁垒。

对此，华尔街的态度值得关注。2022年8月，财经界巨头摩根士丹利就在一份报告中指出：目前苹果的商业模式正在从最大化硬件出货量转变为最大化设备的安装基数，以增加服务订阅收入，这意味着苹果的估值模型也将转向基于"终生价值"的评估方法。简单说就是，美国的投资行业对苹果依然看好且认为其股价被严重低估了。

有一点需要明确，"服务为导向"并非"服务为中心"，库克依然把硬件当成苹果赖以生存的资本，只是在设计和营销产品时，会把出发点放在服务上，而非彻底放弃对硬件的设计。这和乔布斯的产品至上原则是存在区别的：库克是从服务用户的角度开发产品，乔布斯是从创新的视角设计产品然后让用户接受并喜欢它们。

以媒体订阅服务为例，这项业务存在的前提是苹果有足够数量的用户，而用户基数是通过 iPhone、iPad 以及 Apple TV 等产品获得的，所以核心依然是硬件，只是硬件存在的更大价值是朝着服务方向去引导用户购买增值服务，而不是只为了使用一款功能齐全的手机或电脑。而一旦形成良性的运作模式，库克就可能会将其背后的逻辑设定为产品开发的思路，这就是对"工程师思维"的颠覆。

转型是一个可大可小的概念，它可以看成企业属性的终极蜕变，也可以看成运作模式的精准调整。对于库克来说，他目前所走的道路显然是后者，也确实没有理由是前者，因为苹果的底子是其价值的根本，库克要做的无非是让设计团队换一种思考方式、让企业形象产生新的闪光点，让股东、消费者和社会大众对苹果产生新的认知——能做到这些就足以帮助苹果实现跃迁式发展了。

在乔布斯时代，苹果更像是一个具有"极客"气质的企业，它把注意力都集中在产品本身，在成为"高大上"代名词的同时也少了那么几分烟火气，但是在库克接手之后，苹果就朝着一家现代化的企业方向进化，变得更加接地气。值得庆幸的是，库克的这种引导始终没有磨灭苹果的"第一性原理"，只是帮助它去掉了不适应时代潮流的某些"叛逆性格"，让苹果成为一家真正适应现代社会标准的企业。

03
关于隐私权的持久战

在大数据时代，你随手的一次操作就可能暴露你的隐私：当你在便利店扫码支付时，当你用手机支付出租车费时，当你从网站上购买商品时，你的出行路线、购物需求乃至你的生活状态都会被清晰地记录下来，而这些信息经过人工智能分析又能推演出更多的信息。至此，你的隐私不再是隐私，而是一连串具有营销和分析价值的数据。

智能设备的应用和普及，在为用户提供便利的同时也让用户的生活"数据化"和"透明化"，而掌控着智能设备和相关应用软件的企业，就等于掌控了用户的隐私和安全，个人数据安全和隐私权因此成为大数据时代人们最担心的问题之一。对此，库克不无感慨地表示：隐私问题是21世纪最重要的问题之一，人人都处在危机之中。

2022年1月，美国得克萨斯州、印第安纳州、华盛顿州以及哥伦比亚特区分别在州法院对谷歌提起诉讼，指控谷歌追踪用户地理位置侵犯用户隐私。值得关注的是，在起诉书中有这样的指控：谷歌虽然告知得州用户可以通过"隐身浏览模式"为用户提供隐私保护，然而谷歌在背地里还是通过自家的Google Analytics等工具突破了隐身浏览模式，从而悄无声息地收集用户信息并利用这些数据获利。

此次起诉把谷歌推上风口浪尖，而事实上遭到隐私侵犯的不止美国几个州的用户，世界各地的用户都存在被侵犯隐私权的可能。比如一位韩国老人就在谷歌地图的"街景视图"上发现自家客厅被360度展示,而他本人并未上传任何相关照片,显然是被非法窃取了数据,而谷歌除了删除照片之外并未给出任何解释和道歉。

当然,涉嫌侵犯用户隐私权的绝非谷歌一家。Meta在2021年就因为侵犯用户隐私权赔偿了6.5亿美元,因为它在未经用户同意的情况下依靠人脸识别技术收集和存储用户面部数字扫描信息和其他生物信息。

以上被曝出的"隐私门"事件或许只是冰山一角,而由此带来的公众焦虑更是波及甚广。因为在智能硬件高度普及的今天,几乎人人身边都有摄像头和录音设备,而用户的各类社交平台账户也保存着或多或少的个人隐私,稍有不慎就可能遭到泄露。

2022年6月,库克在一次公开讲话中表示:当今世界逐渐会迫使人们在适应新常态的过程中改变原有的行为模式。

库克这番话绝非危言耸听。现在有不少商务人士在使用笔记本电脑时,会用胶布粘贴摄像头以确保不被偷拍(有物理遮挡功能的除外),至于及时清理上网痕迹、常用杀毒软件等行为更是司空见惯,人们的确在大数据统治的时代养成了新的生活习惯。正如库克所说:"如果我们开始感觉自己每时每刻都受到监视,我们的行为就会改变。我们会开始少做一些事情,会少思考一些事情,还会改变思考方式。"

当人人都为隐私而产生焦虑时,原本自由的世界会不断被套上枷锁,不止人们的行为会被约束,人们的想象力和创造力也会被不同程度地约束。

一直以来,库克都高度关注隐私保护这个问题。或许有人觉得这是一种商业作秀,是为了让苹果区别于其他企业的一种喊口号行为,但如果回顾一下库克的成长经历就会觉得库克如此注重隐私保护再正常不过了。

库克从小生活在种族主义暗潮涌动的美国南部,青少年时代的经历让他尤其重视人类的平等,而隐私泄露就是典型的信息不平等,会导致安全感被削弱，这不能不引起他的重视。而他公开出柜也是为了帮助性少数群体确保平等的权益，从而增强他们的安全感，为此库克曾经撰文表示："（如果公开我的身份）可以帮助那些为性取向问题而苦苦挣扎的人，或是能够抚慰那些感到孤独的人，抑或是能够鼓舞人们勇敢地追求平等，那公开我的隐私又算得了什么呢？"

在库克的影响下，对隐私问题的强调和保护成为苹果最显眼的标签之一。当然这并非库克主观地干预苹果的政策倾向，而是他一如既往地践行了苹果"包容、自由、开放"的企业文化。使用过iPhone的人都知道，每次iOS更新都特别注重隐私保护，这就是苹果对用户的服务理念的体现。

2016年2月，苹果公然违抗了一项法院命令，该命令要求苹果协助FBI解锁2015年12月一起枪击案行凶者使用的iPhone。苹果拒绝的理由也十分明确：如果开了这个先例，那么政府以后就会以各种理由要求查看用户的隐私。和政府机构公然"对抗"，让库克承担了很大的舆论风险，毕竟FBI要破解的是一个疑似恐怖分子的凶犯的手机。但在原则面前，库克还是坚持下来。经过6个星期的拉锯战，法院最终撤销了命令。库克对隐私底线的坚守赢得了大部分公众的支持，整个硅谷也表示认同库克的理念。

在库克看来，隐私权是一项基本人权，是其他权利建立的基础。关于这个问题，库克和乔布斯保持一致的看法，他们不会站在产品设计者、软件开发者的角度把用户的隐私当成有商业价值的数据，而是尊重用户对数据的所有权和决定权。

在库克的领导下，苹果一直以生态系统为阵地，为用户提供各种隐私保护。虽然有时候苹果会利用用户的数据训练机器学习模型，但会全程对数据进行匿名处理，剥离掉所有个人信息，这也符合库克对隐私问题的理性认识：在特定环境下放弃一些针对性极强的隐私是有益的。试想一下，如果苹果只是教条地保护隐私而完全不触碰用户数据，那么Siri的智能进化要通过什么方式来训练呢？只要在合理合法的范围内利用，用户数据是可以间接地产生商业价值的，当然最终受益的仍然是用户。

由于手机与人们的绑定程度日益加深，库克才不断引导苹果健全隐私保护制度。他的努力也得到了行业内的响应，比如安卓手机厂商也在该方面采取了一些措施，不过从整体来看，iPhone的安全性显然更高，这也成为无数"果粉"坚持使用iPhone的重要原因之一。这种良性的反馈也促进库克有底气地增加各种隐私保护措施。在2022年全球隐私峰会上，库克特别强调：基于对隐私和个人数据的保护，iPhone侧载（从非App Store渠道自行下载并安装APP）是不被允许的。这个鲜明而坚决的表态自然收获了用户的好感。

在库克的影响下，苹果的高管们也逐渐加强了对隐私保护的重视，他们认为，苹果的客户绝非苹果的产品，苹果不会利用用户的数据来牟利，这不仅仅是为了获得用户的信任，更是坚守苹果的底线。

当然，库克也深知隐私保护是全球性议题，仅凭苹果一己之力是无法做到的，所以他多次呼吁美国出台新的个人数据保护法，用他的话说就是"现代技术导致私人信息和日常信息正在被武器化"。如此尖锐的抨击出自一位CEO的口中实属不易。

库克不仅会高声呼吁也会理性分析，他表示苹果将支持美国制定全面的联邦个人隐私保护法，还概述了数据隐私立法应包含的四项关键权利：一是将个人数据最小化；二是有权知道科技公司收集了哪些数据；三是有权访问被收集的数据；四是数据有被安全保存的权利。然而，美国对数据隐私立法始终没表现出支持的态度，反而发出各种批评之声，理由是这将阻碍技术创新。对此库克进行了有力的批驳："这种想法是错误的。科技的潜力来源于人们对它的信任，一切必须根植于此。"

时至今日，库克依然在为隐私保护而奔走和奋斗着，虽然前路艰难，可他还是保持乐观态度，这主要是因为苹果正在为用户提供行之有效的隐私保护工具。或许有些人、有些企业至今仍没有足够重视隐私保护，对此可以援引库克的一段话："想象一下一个被监视的世界。在这个世界里，你知道有人永远在监视你所做的一切。而在手机或电脑中就是这样一个世界，因为你在搜索引擎或者其他程序里输入了这样或那样的内容。所以，我认为在这样的世界里，你开始做得更少，思考得更少，你的言论自由开始变得狭隘，局限性就像墙一样向你逼近。我开始考虑自然情况下它会在何处结束，并且我不想成为那种社会的一员。"

04
绿色主义，环保苹果

如果说乔布斯是一个专注于产品的创意大师，那么库克则是一个既注重商业价值又有社会责任感的人，最典型的例子就是他对环境保护问题的高度重视。

在乔布斯健在时，他虽然也对苹果的环境管理比较关心，但并未因此投入太多精力，这倒不是因为苹果的环境管理做到了最佳，而是乔布斯关注的重点不在这里。甚至在2005年苹果因为没有采取措施限制化学成分遭受媒体批评时，乔布斯的反应也出奇淡定。

相比之下，库克的态度和反应则截然不同。

为了弄清苹果是否在环境保护方面做到最好，库克曾经聘请美国环保局前局长丽莎·杰克逊负责苹果的环境项目，但他并未因此全权放手，而是仔细查看了苹果内部每一条和环境有关的视频甚至还配上了旁白。可见他对环保问题的看重绝非停留在喊口号上。

2022年，库克在接受《大众机械》采访时表示，苹果的长远目标是不用地球上的任何资源来制造产品。这听起来简直就是一种难以置信的"痴人说梦"。不过库克绝非只嘴上说说，为了实现这一目标，如今Mac、iPhone等产品中的部分铝和稀土等原材料都是通过回收来二次利用的，甚至苹果还会通过机器人将老款iPhone上的部分零件用到新款iPhone的核心部件上，看上去这像是"以旧代新"，其实中间的工程成本是十分高昂的，苹果并未因此节约多少钱。但对库克来说，这种费力不讨好的工作必须做。

对环保事业，库克选择从三个方面切入。

首先，库克引导苹果步入"绿色电能"的发展新阶段。现在，苹果的数据中心全部的用电以及苹果全球所有设施96％的用电都来源于太阳能、风能和水能等新能源。很多用户或许不知道，自己每次向Siri提出的问题以及发送的每一条iMessage，背后都是由可再生能源驱动的。

其次，库克号召苹果不断减少塑料垃圾。如今，苹果旗下的产品都广泛采用再生铝金属，已经实现了产品和包装完全用可再生材料或者可回收材料的目标。比如MacBook Air和Mac mini的外壳都是由可回收铝制成的，而其零售包装材料是木质纤维，主板电镀厂采用的是100％再生金等，可以说环保材料覆盖到了每一个元器件。

最后，库克还从用户端推广绿色低碳生活。2021年11月，苹果宣布将推出自助维修计划，通过向用户出售正品配件和工具来延长产品的使用寿命，同时也增加了数以千计的维修店。虽然，用户是否真的有动手能力以及这部分自助维修者所占的比例还无法确定，不过对于苹果来说，敢于对用户进行这种不利于新品销售的引导，也算是很有环保格局了。

正是因为采取了一系列措施，库克才敢宣称，苹果已经实现了碳中和，而且预计在2030年能够实现全供应链以及消费者使用产品的碳中和，简单说就是和苹果相关的上下游都会以绿色无污染的方式存在。

不用任何资源制造手机，如果这句话不是从库克口中说出的，听起来就像是天方夜谭。实际上，这句话的正确解读是"只用可再生资源制造手机和其他产品"。

"可再生资源"大家都耳熟能详，如风能、潮汐能、太阳能以及特定的金属和纸质材料，这些资源现在广泛进入苹果产品制造的全流程。对于库克来说，当前阶段最现实的选择就是只要产品材料符合再生资源的标准即可。

然而环保问题向来也是一个备受争议的问题，自从iPhone 12取消附赠充电器开始，不少消费者就表示反对这种策略，毕竟谁也不想用旧充电头配新手机。不过库克并未就此妥协，反而在iPhone13发布时又取消了塑封膜，对此他给出的理由是：取消手机包装盒上的塑封膜，每年可以减少

600吨的塑料垃圾。至于让一些用户不满的取消充电器的操作，其实每年可以减少55万吨的铜、锡、锌矿石的开采。

对于库克给出的解释，一部分用户表示理解并能接受，而另一部分用户则认为苹果这是打着环保的旗帜赚钱。其实客观地讲，有人质疑苹果的环保路线也在情理之中，毕竟苹果是第一个推广环保概念的手机厂商，用户并没有相关经验，而对苹果来说，做出头鸟自然也要付出更多的代价。

虽然环保之路障碍重重也非议颇多，但库克还是一如既往地坚定前行。在他看来，只要熟练掌握循环利用材料的方法，就可以把多种制造材料变成可再生材料，从而推动相关环保技术的进步。从这个角度看，库克最好的选择就是一边探索当下适合手机制造的环保材料，一边研究能将现有材料循环利用的技术，双管齐下最为保险。

值得一提的是，中国作为苹果重要的市场之一，也是库克着力践行环保主义的重点地区。

2015年5月，库克在新浪微博开通了个人账号，一个小时就"涨粉"到24万，而库克发布的第一条微博就和环保有关："Hello China! Happy to be back in Beijing, announcing innovative new environmental programs. （你好，中国！很高兴再次来到北京，并宣布创新的环境新项目。）"这番话并非在作秀，当年10月，库克就宣布投产两个新环保项目：一是扩大在中国的清洁能源投资，计划在中国北方、东部以及南方地区建设超过200兆瓦的太阳能项目，这相当于中国26.5万家庭全年的用电量；二是推动供应链合作伙伴提高能源的利用效率，为此苹果将推动中国的生产商和供应商采用超过2000兆瓦的清洁能源。

时至今日，库克提出的这些计划是否得以落实了呢？

早在2015年，苹果就在四川省完成了40兆瓦太阳能的建设，足以供应中国地区Apple Store和办公室使用的电量。2018年，在库克主导下，苹果启动了中国清洁能源基金，通过该投资基金，苹果和其供应商总计投资了465兆瓦清洁能源，此外一系列和环保相关的教育项目也在中国展开。2022年，苹果与清华大学开启"碳中和能力提升"项目的合作并与中国绿色碳汇基金会携手探索环保方面的实践项目。

截止到2022年，全世界已经有200多家供应商承诺使用风能和太阳能等清洁能源生产苹果的产品，其中就包括55家中国供应商。

库克从不说大话、空话，在环保问题上他更是坚决贯彻理念。中国作为苹果产品的主要产地和重要市场，库克更表示在中国推行的环保项目是苹果的核心项目之一，这种知行合一的态度赢得了不少民众的好感。

库克推崇的环保路线也并不是苹果的一厢情愿，如今已有一部分苹果用户接受了这种环保策略，对他们来说，不过是稍微损失了一点利益，但自己使用的手机贴上了环保的标签，也算获得了一种"情绪价值"。从更长远的角度看，当越来越多的用户认可苹果的环保路线后，也能在客观上培养用户关注生态环境、接受低碳生活的意识和习惯。从社会角度看此举具有积极的意义。

库克主张的环保路线其实已经跳出了单纯的商业范畴，他于2020年在联合国气候雄心峰会上呼吁人们采取更有力的气候行动，并为此说了一段带有誓言性质的话："我们将设备生命周期的每一个环节——从设计、制造、耐用性和维修到回收——都视为环保创新的机会，使我们朝着闭环供应链的目标前进。每一项绿色创新都提供了证明，我们并不需要在盈利和地球的未来之间进行选择。"从这段讲话来看，库克已经将环保和苹果的社会价值牢牢绑定在一起，意在告诉人们：苹果不仅是业界技术创新的榜样，也将在环保价值的构建方面起到示范作用，未来苹果将从产品本身到清洁能源再到线下门店全面贯彻对环境责任的理解与实践。

苹果作为环保生产的先行者，虽然目前承担受着不小的舆论压力，但可以预见的是，只要这条路能坚持走下去，总会在客观上推动环保产业链的成熟，届时其他厂商也会因为生产成本、社会评价等因素积极加入进来，从而形成良性循环。从这个意义上讲，库克的确是一个有想法且有魄力的领导者，在他的带动下，苹果的企业责任感已经超越了国界，积极地影响着全世界。

05
专注业绩，其余的交给时代

2022年7月29日，苹果发布了本财年第三财季业绩，公司净营收为829.59亿美元，同比增长2%。值得一提的是，iPhone销售额增长2.8%，达到407亿美元，成为苹果的重要收入组成。难怪苹果的首席财务官卢卡·梅斯特里认为，消费者对iPhone的需求不减反增。

单看苹果的财报可能没有感觉，但如果放眼整个行业就会发现这份业绩有多么来之不易。2022年第二季度，全球智能手机市场整体下降9%，iPhone就是在这种大环境萎靡的情况下依然保持坚挺。当然，也不是苹果的所有业务板块都能保持增速，比如Mac在第三财季的净营收为73.82亿美元，而上年同期为82.35亿美元，呈现下降趋势。需要注意的是，Mac只是同比存在下降趋势，如果从整个PC市场的角度看，Mac的销量仍然处于相对稳定的状态（和Windows的PC相比），根据《电子时报》当时的预测，苹果的笔记本电脑市场份额可能会在2022年达到近五年来的新高，出货量将达2218万台。

关于苹果第三财季的业绩情况，库克也承认出现了增长无力的情况，不过就总体而言，苹果的收入还是会继续保持增长态势，虽然目前面临通货膨胀等不利因素，但这并不妨碍苹果继续追加投资。

明眼人已经看清了：虽然苹果存在增长放缓、下降等负面状况，但和整个行业、大环境相比，苹果依然在经济下行的不利状况下交出了让人基本满意的答卷，这足以证明库克的领导有方。

和乔布斯相比，库克是一个非常"爱财"的掌门人，自从加入苹果之后，库克一门心思放在如何"搞钱"上。因为当时他目睹了苹果PC事业的下滑，所以他最大的愿望就是能让苹果的PC事业王者归来，重新占领市场。

苹果是依靠个人电脑起家的，1977年Apple 2问世以后，销量高达几百万台，成为当时最畅销的苹果产品之一，很多消费者做梦都想抢购到一台。然而就在苹果高唱凯歌继续挺进时，遭遇了微软和IBM联盟的围剿，逐渐在竞争中落入下风。苹果不得不正视一个残酷的事实：PC事业正在江河日下。

到底是什么原因造成苹果的PC事业萎靡不振呢？说起来是成也创新，败也创新。在乔布斯的带领下，苹果开发出了简洁实用的OS系统，却因为硬件平台的限制难以在更广大的用户群体中推广，特别是在对手打响了价格战以后，高端定位的Mac市场竞争力着实有限，同期的很多创新也显得华而不实。而雪上加霜的是，乔布斯离开苹果的12年里，盲目的创新不受控制，产品线拉得过长，售价居高不下，这种种几乎葬送了苹果的未来。

当大部分人只妄想着对"脑洞"负责就能赚取利润时，一个只关心业绩表的人扭转了这种恶性局面，这个人就是库克。

库克的确不擅长产品创意，但他是个出色的商人，他会用商人思维去分析产品。他对用户进行了调查，发现很多消费者购买一台电脑的初衷并不是喜欢那些花里胡哨的功能，而是需要一台容易上手、价格适中的产品，而苹果同时期的各种"创意"无疑是在抬高消费门槛。

在认真审视了Mac自身的缺陷以后，库克暂时放弃了在创意领域的深耕，而是站在普通消费者的立场上，让苹果的个人电脑成为他们消费得起的产品，而非重点聚焦在企业用户身上。

从今天的视角看，库克的这一决策似乎谈不上有多高明。但不要忘了，在20世纪90年代，IT业还处于初步发展阶段，并不是所有人都意识到互联网时代即将到来，而库克却掷地有声地在高层会议上表示："我们应该把个人电脑的消费群体定位在个人消费者和学生当中，这些用户在购买产品时根本不需要考虑员工问题。"

库克所说的员工问题，指的是苹果当时服务企业市场的战略，当时和苹果销售部门及其人员打交道的大部分都是企业的采购人员，而如今要重视普通消费者，就必须改掉这种工作习惯，针对普通消费者调整销售策略。

1998年，苹果推出了iMac，这是一款具有划时代意义的产品。当时的个人电脑大部分都是由米白色的显示器和主机组成的，而iMac拥有蓝、紫、橙、绿、红五种颜色，造型新潮，完全超脱了过去那种老旧、单调的设计语言，瞬间吸引了大量消费者。其中邦迪蓝配色的iMac G3在上市的6周内就卖出27.8万台，该年年底销量已经超过80万台。

当然，PC市场上仅靠外观和设计是不可能打败对手的，必须以技术作为竞争力的核心。为此库克尽弃前嫌，和对手微软和英特尔合作，在Mac中搭载了英特尔处理器，在iPod上植入了Windows系统，这样看似"妥协"和"背叛"的行为其实扩大了苹果产品的适用性，令其成为被更多用户群体接受的产品，自然也就提高了竞争力。

一面是放下恩怨、精诚合作，另一面是察觉风险、果断换人。当时苹果的Power PC架构是和IBM合作的，这是乔布斯一项引以为傲的成就，因为在他看来Power PC在性能上要优于Windows PC。然而库克通过实际测试发现，IBM的处理器对电脑的主频提升非常有限，因为发热和功耗惊人而无法应用在移动端，更要命的是，IBM的供货也很不及时，这对于极度依赖供应链的苹果来说是严重问题。于是在2005年库克果断放弃了IBM，转而和英特尔建立了合作关系。

2006年6月,苹果开始对外发售基于英特尔处理器的Mac计算机,到了2007年底,苹果全部的计算机产品都开始陆续装配英特尔处理器。库克的此番举动,让苹果从一条错误的道路上回归正轨,摆脱了多年以来受制于Windows—Intel联盟的被动局面,同时也避免了苹果在技术壁垒中自取灭亡。对库克来说,创意也好,原则也罢,最终都要为业绩表服务,当创意无法变现时,当原则正在毁掉自我时,该放弃就一定要放弃。

虽然苹果的PC销量再度回升,但是库克又马上对着另一条原则开刀了,那就是苹果的高额定价。为此,他曾经和乔布斯进行了一次长谈,主张降低苹果的售价,这其实是在让乔布斯改变原则,但库克最终还是说服了他。

2003年,苹果的PC产品迎来了第一次降价:Power Mac G4台式机降幅达到500美元,让很多消费者又惊又喜;而配置了Power PC G4处理器的iBook笔记本电脑售价降至10900美元,成为当时苹果产品中力度最大的一次降价。

市场调查显示,苹果PC业务的市场份额在2006年不到2%,经过库克的降价操作后,在2007年就超过了10%,此后苹果推出的MacBook在市场上的占有率一度达到15%,库克终于让苹果内部意识到:向业绩表负责才是对苹果真正的负责。

2007年,苹果成为仅次于戴尔和惠普的美国第三大PC制造商。库克立即发出了豪言壮语:"我们就是要不断颠覆电脑的图形界面,向消费者推出操作系统和应用软件,来使PC发挥出其作为通信性、创新性和娱乐性设备的最大潜质。"为此,库克还给苹果的软件工程师们订立了规矩:每年都要让自己设计的软件通过在线的方式得到更新升级,从而不断完善其性能。

在库克的带领下,苹果越发勇猛地在PC市场抢回失去的地盘,让不少竞争对手为之震惊和恐惧。2014年,苹果发布了一款自研芯片A4(主要适配手机），自此就一路"开挂"，惊艳了消费者，震撼了一众友商。不过这只是苹果释放"自研大招"的一道开胃菜。2020年，苹果又推出了自研的M系列芯片（主要适配计算机），宣告从此和英特尔告别，这也再次证明了库克一切向业绩表看齐的动机：清理供应链上的不稳定因素，让苹果最大限度掌控话语权和主动权。

从对手到合作伙伴，从合作伙伴又变回对手，库克的一系列操作表面上看是"毫无原则"，但实际上他做出的每一个决策都是基于苹果的自身利益的。他的视角从不局限在一款产品的创意度上，也不受困于某块市场的占有率，他盯着的始终是苹果的总体利益和长远利益，这是一张巨大的、动态的业绩表，上面有他想要的目标，也有他即将进行的战略调整。

2020年8月19日，这是一个对库克来说值得纪念的日子：苹果的市值达到了惊人的两万亿美元，比加拿大、俄罗斯或西班牙的GDP都要高。而在他刚接手时，苹果市值只有4000万美元。无论外界如何质疑库克，他都通过铁一样的数字证明了由他率领的苹果依然站在全世界科技行业的巅峰。

当然，苹果的未来不会一帆风顺，在稳中向好的同时也暗藏着风险。

随着时代的发展，很多智能手机厂商都掌握了独门绝技，竞争变得越来越激烈，苹果的地位不断受到挑战。自从成为苹果的CEO以来，库克一直顶着"创新不足"的压力负重而行，他一面按部就班地更新乔布斯的"遗作"——iPhone和iPad，一面推出了在市场上大获成功的Apple Watch和AirPods，为苹果绘就了"服务"这条新增长曲线。

种种事例证明，在库克成为乔布斯的继任者之后，他实现了苹果精神的延续，甚至在某些方面做得更好。尽管如今的iPhone难以复刻"乔帮主"时代的惊艳世界之感，但它依然是一款"平淡且热销"的产品。同样地，在库克身上我们的确看不到"改变世界"这种壮举，但库克做到了"拥抱世界"。由他主持开发的产品和服务无一不是瞄准用户的需求痛点，他很少谈理念，因为他把思考的重点落在实处，他管理下的苹果少了些许神秘气息，却变得更加接地气，这种融入世俗的发展路径就是"拥抱世界"的真实写照。

没错，全球亿万"果粉"都在期盼"下一个 iPhone"是否会让人眼前一亮，不过很多人也默默接受了现实：库克大概率不会拿出一个颠覆性的新品给用户。的确，他没必要向乔布斯看齐，他要做的是为苹果的发展提供营养丰富的土壤，从中孕育出更强大的创造力，而这也正是库克擅长做的和最应该做的。

如果说苹果的乔布斯时代充满着浪漫主义色彩，那么库克时代则是实用主义当道，在商业层面上他取得了巨大的成功。受制于年龄增长，库克恐怕很难再与苹果携手下一个十年，但是他已经激发起整个团队的斗志和野心，这些精英会在库克思维的引导下继续推动苹果不断成长，默默缔造另一个传奇的时代，而那个时代属于库克。